陕西省中小学素质教育读本

经陕西省中小学教材审定委员会2021年审定通过

审定编号：2021D0012

中小学校园常见传染病预防知识

（中学版）

陕西省疾病预防控制中心　编

西安交通大学出版社
XI'AN JIAOTONG UNIVERSITY PRESS

图书在版编目（CIP）数据

中小学校园常见传染病预防知识 ： 中学版 / 陕西省疾病预防控制中心编. —西安 ： 西安交通大学出版社，2021.4（2024.1 重印）

ISBN 978-7-5693-2139-5

Ⅰ.①中… Ⅱ. ①陕… Ⅲ. ①传染病防治－中学－教材 Ⅳ. ①G479②R183

中国版本图书馆 CIP 数据核字（2021）第 066347 号

书　　名 中小学校园常见传染病预防知识（中学版）
编　　者 陕西省疾病预防控制中心

总 策 划 刘夏丽
策划编辑 贺彦峰
责任编辑 张永利
责任校对 邓　瑞

出版发行 西安交通大学出版社
（西安市兴庆南路 1 号　邮政编码 710048）
网　　址 http://www.xjtupress.com
电　　话（029）82668578　82667874（市场营销中心）
（029）82668315（总编办）
印　　刷 西安东江印务有限公司

开　　本 787 mm×1092 mm　1/16　印张　6　字数　75 千字
版次印次 2021 年 4 月第 1 版　2024年1月第5次印刷
书　　号 ISBN 978-7-5693-2139-5
定　　价 18.50 元

如发现印装质量问题，请与本社市场营销中心联系、调换。
投稿热线：（029）82668284　（029）82668578

编 委 会

前 言

党的二十大报告指出："人民健康是民族昌盛和国家强盛的重要标志。"儿童和青少年是祖国的未来，学校又是青少年生活学习的集中场所，一旦发生传染病暴发疫情，不仅会影响青少年的身心健康，而且还会影响学校正常的教学秩序，同时也给家庭、社会带来诸多不利的影响。因此，学校传染病预防与控制是学校教育管理的重点工作，提高学生对各类传染病的认识并使其掌握基本防控知识是迫在眉睫的事情。

为进一步提高中学生对常见传染病的认识，使其了解传染病基本知识及防控措施，做好学校传染病防控工作，全面贯彻"预防为主，防治结合"的指导方针，陕西省疾病预防控制中心编写了这本《中小学校园常见传染病预防知识（中学版）》。本书根据中学生的生理、年龄、认知等特点，通过讲故事、列图插画等学生喜闻乐见的方式，全方位地介绍了学校常见传染病的基本知识及预防措施，旨在提高中学生对传染病的识别能力，培养其健康的行为习惯，树立其自我防控意识，增强其防病防疫的能力，从而预防和减少学校突发公共卫生事件的发生。

编　者

目录

contents

第1篇 总论

传染病简介

1.什么是传染病，引起传染病的元凶是什么？

在自然界中有很多种与人类和其他动物等共存的体积微小甚至用肉眼无法识别的微生物，这些微生物中有些可以感染人或其他动物，并进一步传播，它们所引起的疾病就是传染病。引起传染病的病原微生物有很多，包括细菌、病毒、支原体、衣原体、真菌、立克次体等。传染病在人群中传播，如造成大流行，比如流感和新冠肺炎大流行，会严重危害人类健康。

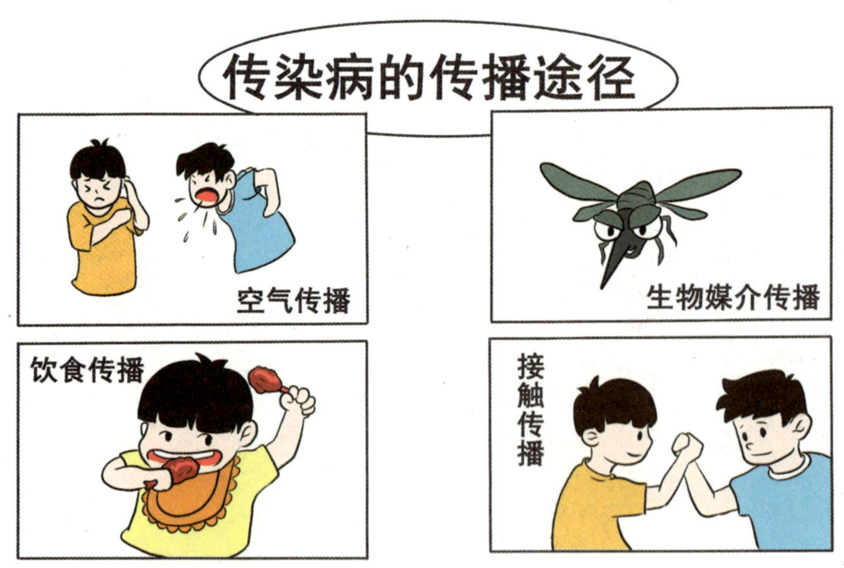

2.引起传染病的病原微生物我们几乎都看不见，它们是通过什么途径传播给其他人的呢？

病原微生物传播的主要途径有呼吸道传播（比如打喷嚏）、消化道传播（食入被病原微生物污染的食物或水等）、血液或体液传播（接触被病原微生物污染的血液或体液等）和虫媒或动物传播（被带病原微生物的动物咬伤或者被蚊虫叮咬等）。我们只有根据病原微生物的特性，切断其传播途径，才能有效防止传染病传染其他人。

3.如何预防常见的传染病？

传染病根据其传播规律不同，有各自针对性的预防措施。常见的预防措施有以下几种。

（1）合理膳食，增加营养，加强体育锻炼，增强身体素质，提高自身免疫力。

（2）合理安排作息，规律生活，保持身体处于良好状态。

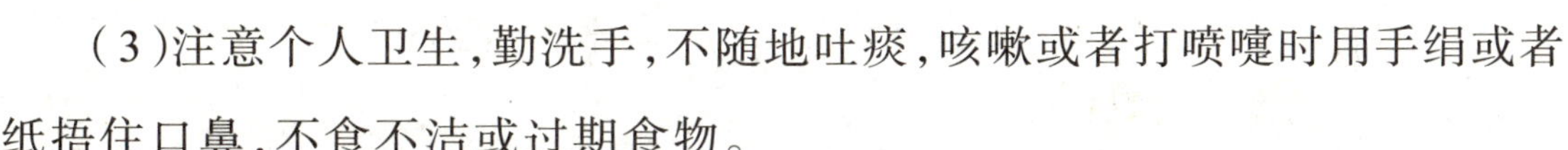

（3）注意个人卫生，勤洗手，不随地吐痰，咳嗽或者打喷嚏时用手绢或者纸捂住口鼻，不食不洁或过期食物。

（4）呼吸道传播疾病流行时，要注意室内通风换气，尽量不到人员密集的场所。

（5）避免接触传染病患者用过的物品。

（6）出现发热症状要视情况及时就医，进医院时佩戴口罩，防止发生医院内感染。

（7）接种疫苗。

校园常见传染病防控问题集锦及解答

1.常见的传染病有哪些?

根据主要传播途径不同,传染病可分为以下几类。

(1)肠道传染病:如霍乱、痢疾、肠伤寒、甲型肝炎、戊型肝炎、脊髓灰质炎(小儿麻痹症)、感染性腹泻等。

(2)呼吸道传染病:如新型冠状病毒肺炎、严重急性呼吸综合征、肺结核、流行性感冒、麻疹、流行性脑脊髓膜炎、流行性腮腺炎、百日咳、白喉、猩红热、风疹等。

(3)血源性传染病:如乙型肝炎、丙型肝炎、丁型肝炎、艾滋病等。

(4)自然疫源性疾病:如鼠疫、狂犬病、钩体病、流行性乙型脑炎、疟疾、登革热、黑热病等。

(5)其他:如炭疽、布鲁氏菌病、急性出血性眼结膜炎(红眼病)等。

2.为什么在传染病发生时班主任或班级卫生员对早晨到校的每个学生要进行健康观察、询问?

这主要是为了早期发现有传染病表现(比如发热、咳嗽、流涕、出疹等)的患病学生,通过早发现、早报告、早治疗,防止传染病进一步传染给学校的其

他学生和老师。

3.传染病只会在人和人之间传播吗?

有些病原微生物能够感染人,也有一些病原微生物可以感染动物,还有一部分病原微生物可以同时感染人和动物,并相互传播。所以,传染病既能在人和人之间传播(比如流感),也能在人和动物之间(比如狂犬病)或者动物与动物之间(比如非洲猪瘟)传播。

4.是不是被病原微生物感染了就一定会得病?

人体自身的防御机制(如免疫系统)能够抵抗外来病原微生物的侵害,只有当感染的病原微生物达到一定的数量时,才会出现诸如发热、出疹等表现,但有部分人感染了病原微生物虽然自己没出现症状,却仍有传染给其他人的可能。

5.为什么班级里有同学得了传染病,大家都要放假呢?

班级里有同学得了传染病,就有传染给周围同学的风险,尤其是经呼吸道传播的疾病,传播风险很大,当出现多名学生感染时,为了全班同学的身体健康,就需要暂停集中上课,等确认大家身体都处于健康状态后,再重新恢复集中上课。

6.为什么学生患传染病须隔离，待治愈后凭医院证明方可入校？

一旦一个学生患上传染病，就有可能将传染病传染给其他学生，继而导致传染病在班级和校内广泛扩散，影响学生和老师们的身体健康，干扰教育教学秩序，因此对患病学生必须进行隔离治疗。不同的传染病有不同的传染期。当患病学生不再具有传染性时，可由专业临床医生做出诊断，医院出具复课证明，由学校卫生室（保健室）查验复核确认登记后，方可回教室上课。

7.在人类与传染病的斗争中谁更厉害？

在与传染病的斗争中，人类取得了巨大的胜利，比如青霉素的发现、疫苗的使用等极大降低了传染病的发生率和危害，有些传染病已经被消灭（比如天花）或正在被消灭（如脊髓灰质炎，即人们俗称的小儿麻痹症）。但整体来讲，人类和病原微生物共生于地球，更多的是相互适应的过程。在此过程中，我们要不断学习，掌握传染病发生和发展的规律，进而最大限度地降低传染病的危害，保障人类健康和保护我们赖以生存的环境。

第2篇 校园常见传染病及其防控

第 1 单元　校园常见呼吸道传染病

什么是呼吸道传染病？

呼吸道传染病是指病原体从人体的鼻腔、咽喉、气管和支气管等呼吸道感染侵入而引起的有传染性的疾病。常见的呼吸道传染病有流行性感冒、麻疹、水痘、风疹、流行性脑脊髓膜炎、流行性腮腺炎、肺结核等。常见的呼吸道传染病的病原体主要有病毒、细菌、支原体和衣原体等，如流感病毒、麻疹病毒、脑膜炎球菌、结核分枝杆菌等。

在什么情况下容易患呼吸道传染病？

呼吸道与外界相通，受各种病原体侵袭的机会较多，由此可引起呼吸道传染病的发生。冬、春季节是呼吸道传染病的高发季节，天气骤变的情况下也易发病。儿童、老年人、体弱者、营养不良或慢性疾病患者、过度劳累者、精神高度紧张者等人群容易患呼吸道传染病。

预防呼吸道传染病小贴士

预防呼吸道传染病应采用综合性预防措施，主要包括以下几点。

（1）经常开窗通风，保持室内空气新鲜。

（2）做好学校及家庭环境卫生，保持室内和周围环境清洁。

（3）养成良好的卫生习惯，不要随地吐痰，勤洗手；对日用品经常进行日

照消毒。

(4)保持良好的生活习惯,多喝水、不吸烟、不酗酒。

(5)经常锻炼身体,保持均衡饮食,注意劳逸结合,提高自身抗病能力。

(6)要根据天气变化适时增减衣服,避免着凉。

(7)有呼吸道传染病流行时,应尽量避免到人多拥挤的公共场所,如需前往,应戴口罩。

(8)如果有发热、咳嗽等症状,应及时到医院检查治疗,不带病上课。当患有传染病时,应主动与健康人隔离,尽量不要去公共场所,防止传染给他人。

(9)必要时可进行疫苗的接种:如接种卡介苗预防结核病,接种麻腮风疫苗预防麻疹、风疹和流行性腮腺炎,接种流感疫苗预防流感等。

第1课 肺结核

肺结核离我们并不遥远

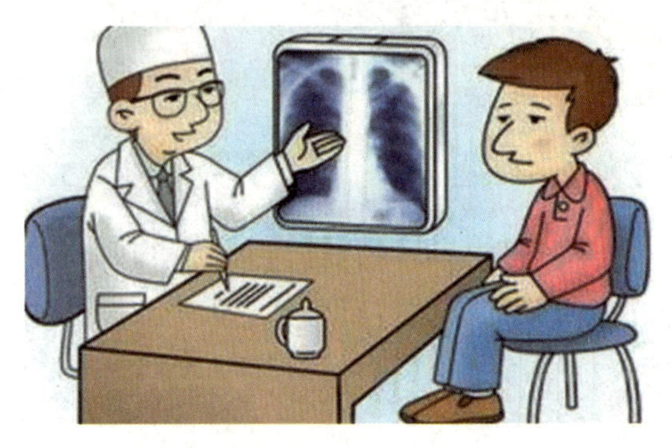

肺结核已和人类纠缠了数千年，考古学家曾在古埃及木乃伊里发现过它的痕迹。肺结核是由一种叫结核分枝杆菌的古老病原体导致的。肖邦、契诃夫、卡夫卡、鲁迅、萧红等名人都被它夺去了生命。

经过漫长的历史长河，结核病已有药可医，在不少人的印象里，它已经被有效控制，甚至很多时候，人们都以为它已经消失了，但其实人类与结核病的斗争从未停止。

在过去，贫穷的人往往因营养不良、抵抗力下降，从而患上肺结核，因此肺结核一度被叫作“穷病”。但它从来不安于“穷病”的地位，时刻试图重新杀回城市，把目标瞄向了学生、年轻白领等人群。

肺结核简介

肺结核俗称“痨病”（也称为“肺痨”），是由结核分枝杆菌引起的呼吸系统传染病，主要发生于肺组织、气管、支气管和胸膜部位。在我国传染类疾病中，肺结核的发病率和死亡率均排在第二位。人体感染结核分枝杆菌后不一定发病，只有当抵抗力降低或细胞介导的变态反应增强时，才可能引起

临床发病。若能及时诊断，并给予合理治疗，大多数患者可获临床痊愈。

肺结核的传染源和传播途径

传染性肺结核患者，即痰涂片阳性的肺结核患者是肺结核的主要传染源。

肺结核主要是以空气为传播因子的呼吸道传染病，当肺结核患者咳嗽、打喷嚏、大笑和唱歌时，可把含有结核分枝杆菌的微滴播散至空气中，这些微滴可在空气中停留数小时，若被他人吸入，则可引起感染。

其他途径：如饮用带菌牛奶经消化道感染，患病孕妇经胎盘引起母婴间传播。经皮肤伤口感染和上呼吸道直接接触感染均罕见。

小提示▶　握手、分享食物或饮料等不会传播肺结核。

肺结核的易感人群

人群对结核分枝杆菌普遍易感，接触时间越长、传染源传染性越强、与传染源接触越密切，则获得感染的可能性越大。拥挤、通风不良的居住环境可以增加易感者与传染源接触的密切程度和暴露危险性。免疫功能紊乱或

缺陷、营养不良、接触矽尘、糖尿病、重度吸烟和过度劳累等，均能增加对结核分枝杆菌的易感性。

肺结核的临床表现

肺结核发病早期由于病变小而没有明显症状，临床表现不明显。肺结核的呼吸道表现以咳嗽最常见，开始时多为干咳，以后出现白色黏痰或黏液脓痰，胸痛、咯血亦常见，咯血亦可为肺结核的首发症状。患者全身表现为逐渐起病，持续低热，尤以午后低热为常见，同时有盗汗、疲乏、纳差、消瘦等，少数患者可表现为持续高热，甚至全身功能衰竭。因此，咳嗽、咳痰超过3周者，或咯血、发热及胸痛超过3周者，就是一位“肺结核可疑症状者”，就应当想到是否患了肺结核。

怎样预防结核病？

卡介苗接种是结核病预防的重要措施之一。卡介苗接种是用人工方法使未受结核分枝杆菌感染的人体产生一次没有临床发病危险的原发感染，从而产生一定的特异性免疫力。在我国，卡介苗的接种对象为新生儿和婴

儿，应尽早对新生儿进行接种（最好在1岁以内）。

其他能有效预防肺结核的措施包括以下几点。

（1）咳嗽、打喷嚏时掩住口鼻，不随地吐痰。

（2）养成开窗通风习惯：紫外线照射具有高效杀灭空气微滴中结核分枝杆菌的作用；太阳光是最便宜的紫外线来源，因此要勤给房间和教室开窗，勤晒被褥。

（3）保证充足的睡眠，合理膳食，加强体育锻炼，提高机体抵御疾病的能力。

（4）出现肺结核可疑症状或被诊断为肺结核后，应当主动向学校报告，不隐瞒病情，不带病上课。

小提示▶　若咳嗽、咳痰2周以上，或痰中带血丝，应当怀疑得了肺结核，应到县（区）级结核病定点医院进行诊疗，可享受国家免费政策。

第2课 流行性感冒

小脑袋大疑惑：是流感还是普通感冒？

进入秋、冬季节，打喷嚏、流鼻涕、发热、咳嗽、乏力等这些“感冒”症状总能轻而易举地找上门来。同样是“感冒”症状，为什么有些人不喝药也就扛过去了，而有些人却像是经历了一场劫难，需要“大动干戈”？甚至不乏一人“感冒”，传染多人的事例？让我来告诉你们吧！流感和普通感冒虽然都有“感冒”症状，但两者是完全不同的。我们一般所说的感冒就是普通感冒，它有很多别名，中医称之为“伤风”，西医则称之为急性鼻炎或上呼吸道感染，性情相对温和，不具有传染性。而流感指的是流行性感冒，它就是个刺儿头，脾气暴躁。接下来，我们就深入了解一下这位“脾气暴躁”的流感君吧！

疾病简介

流行性感冒（简称流感）是由流感病毒引起的一种急性呼吸道传染病，一般秋、冬季节高发，可引起严重的并发症，甚至死亡。引起流感的流感病毒可分为甲（A）、乙（B）、丙（C）三型。甲型病毒经常发生抗原变异，传染性强，传播迅速，极易发生大范围流行。我们经常听到的甲型H1N1流感就是

甲型流感的一种。

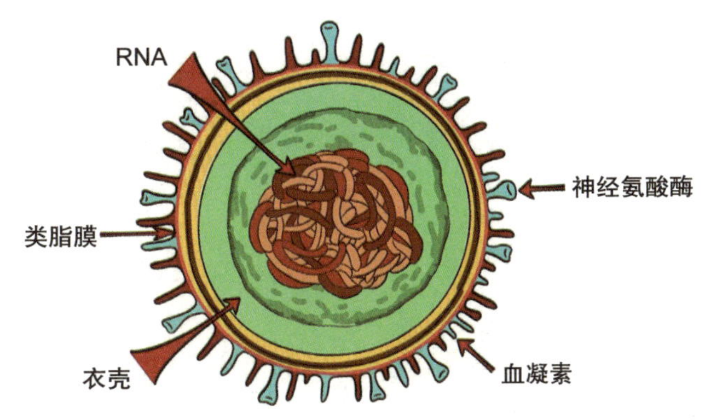

流感具有自限性，但婴幼儿、老年人以及有心、肺基础疾病的人容易并发肺炎而导致死亡，学校、托幼机构和养老院等人群聚集场所可出现暴发流行。

流感的传染源和传播途径

流感的传染源是患有流感的人或携带流感病毒的人。

流感的主要传播途径是经呼吸道传播，易感人群通过将含有流感病毒的飞沫或空气吸入而感染。此外，人与人接触、与被污染的物品接触也可能感染流感病毒。一般经常出入公共场所的幼儿、老年人、免疫力低下的人都容易被感染。一般情况下，在潮湿、不通风环境中工作和疲劳都能使人的抵抗力下降，当接触流感病毒时易受感染。流感病毒的型别较多，各型相互之间无交叉免疫。也就是说，得过流感后，下次遇到不同型别的流感病毒时，仍存在感染的可能。

流感的临床表现

流感的潜伏期一般为 1 ~ 7 天，多数为 2 ~ 4 天。单纯型流感常突然起病，患者会出现畏寒、高热，体温可达 39 ~ 40 ℃，多伴有头痛、全身肌肉及关节酸痛、极度乏力、食欲减退等全身症状，常有咽喉痛、干咳，可有鼻塞、流涕、胸骨后不适等，亦可见颜面潮红，眼结膜、外眦轻度充血。如无并发症，单纯型流感常呈自限性过程，患者多于发病3～4天后体温逐渐下降，全身症状好转，但咳嗽、体力恢复常需1～2周。轻症流感与普通感冒相似，患者症状较轻，病情在2～3天可恢复。

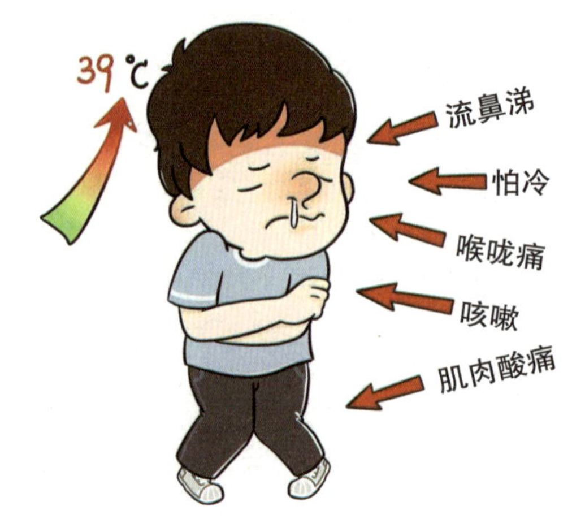

如何预防流感？

接种流感疫苗是最有效的预防流感及其并发症的手段。疫苗需每年接种方能获有效保护，疫苗毒株的更换由世界卫生组织（WHO）根据全球监测结果来决定。

建议6月龄至5岁儿童、≥60岁的老年人、特定慢性病患者、医务人员、6月龄以下婴儿的家庭成员和看护人员、孕妇等优先接种流感疫苗。6月龄至8岁儿童：首次接种或既往接种2剂以下流感疫苗的儿童应接种2剂，间隔≥4周，对流感灭活疫苗（IIV）或流感减毒活疫苗（LAIV）均建议采用上述原则；上一年度或以前接种过2剂或2剂以上流感疫苗的儿童，则建议接种1剂。9岁及以上儿童和成年人仅需接种1剂。我国大多数地区应在每年10月底前完成疫苗接种。

其他预防措施如下。

(1)教室、图书馆(阅览室)、宿舍、家等学习、工作、生活场所要注意通风,特别是教室,每一课间都要开窗通风,保持空气流通。

(2)流感流行高峰期尽量避免去人群聚集的场所。乘坐公共交通工具出行时最好佩戴口罩,避免交叉感染。

(3)养成良好的卫生习惯:勤洗手,尤其是在咳嗽或打喷嚏后,要以清水和肥皂或洗手液洗手,避免用脏手接触口、眼、鼻;咳嗽或打喷嚏时应用纸巾、毛巾等遮住口鼻,用过的纸巾要扔入垃圾箱;不随地吐痰。

(4)秋、冬季节气候多变,应注意根据天气的变化适当增减衣物。

(5)保证充足的营养和睡眠,多食用一些可增强机体抵抗力的食物,比如大葱、大蒜等,多吃富含维生素C的水果,养成多喝水的习惯;加强户外体育锻炼,提高身体抗病能力。

(6)中小学校及托幼机构应每日开展晨检,特别是新学期开学或长假返校后一周内应强化晨检工作。

(7)自觉监测自我健康状况,有病应及时就医,不带病上课,并减少接触他人,尽量居家休息,以免加重病情或者将流感传播给他人。

(8)抗病毒药物预防:药物预防不能代替疫苗接种,只能作为没有接种疫苗或接种疫苗后尚未获得免疫力的高风险人群的紧急临时预防措施。

第3课 流行性腮腺炎

冬、春季节，应警惕流行性腮腺炎

春季万物复苏，病毒和细菌也开始快速繁殖和传播，导致以呼吸道传播为主的传染性疾病的高发，流行性腮腺炎就是其中之一。集体生活学习的青少年更容易深受其害，每年开学季，班级里总有学生腮帮子肿大，如不及时预防，很可能传染给邻座同学，甚至造成流行性腮腺炎的暴发。

什么是流行性腮腺炎？

流行性腮腺炎是由腮腺炎病毒引起的一种急性呼吸道传染病，冬、春季节高发，传染性很强。腮腺炎病毒除了侵犯腮腺外，还能侵犯神经系统及各种腺体组织，引起脑膜炎、脑膜脑炎、睾丸炎、卵巢炎和胰腺炎等。流行性腮腺炎的高发人群为儿童和青少年，在学校这类人群聚集场所更易发生流行性腮腺炎。

流行性腮腺炎的主要表现

腮腺是唾液腺中最大的腺体，位于两侧面颊的近耳垂处。腮腺肿大以耳垂为中心，可以一侧肿大，亦可两侧肿大。一般患者感染了腮腺炎病毒后

2 ~ 3 周可出现流行性腮腺炎症状，大多数患者在感染初期没有症状，少数患者会出现疲倦、肌肉酸痛、咽痛等症状。患者多起病急，主要表现为一侧或两侧耳垂根部肿大，肿大的腮腺常呈半球形，以耳垂为中心，向前、向下、向后弥漫性肿胀，并有明显的压痛，在咀嚼或进食酸性食物时疼痛会加重。流行性腮腺炎患者除了腮腺部位肿痛外，大部分患者还有发热症状，体温在 38 ℃左右。腮腺肿大一般可持续 5 天左右，以后逐日减退，病程为 7 ~ 12 天。

流行性腮腺炎是如何传播的？

（1）传染源：早期患者和隐性感染者都是本病的传染源。如果感染了腮腺炎病毒，在腮腺出现肿大前 7 天到腮腺肿大后 9 天或更长时间都具有传染性。

（2）传播途径：流行性腮腺炎病毒主要通过呼吸道飞沫传播，可以是直接吸入，也可以是通过公用器具、餐饮工具等直接或间接接触传播，比如接触被带病毒的唾液污染的食品、玩具、餐具等。

（3）易感人群：没有接种过含腮腺炎成分疫苗的人普遍易被感染，儿童和青少年发病率较高，尤其是在学校这类人口密集场所更容易发生流行性腮腺炎。一般患过流行性腮腺炎后，人体可获得持久免疫力，极少有得了一次再次得的情况。

流行性腮腺炎的预防

（1）接种疫苗：接种含腮腺炎成分疫苗是预防流行性腮腺炎的有效措施，特别是进入学校过群体生活的青少年，应积极接种疫苗。

（2）对患者应及时进行隔离：早期发现患者，应尽早隔离至腮腺肿大完全消退，隔离时间在3周左右。由于腮腺炎病毒对外界的各种物理因素抵抗力较低，所以不需要终末消毒，但被患者污染的饮具、食具仍需煮沸消毒。另外，合理使用口罩也可作为切断传播途径的有效办法。

（3）集体单位预防措施：学校应做好晨检，发现流行性腮腺炎患者应隔离治疗至腮腺肿大完全消退后才能复学。对于接触者应密切观察，做到早发现、早诊断、早隔离。同时，学校要对教室和学生活动场所进行定期消毒和通风换气。

（4）保持良好的个人卫生：中学生要注意个人卫生，劳逸结合，合理作息，参加体育锻炼，增强自身抵抗力。

（5）腮腺炎流行期间，尽量不去人群密集场所，并及时、正确地佩戴口罩。

小提示▶ 流行性腮腺炎患者应尽早去医院就诊，按照医生要求进行治疗和休息，以防并发症的发生。

第4课　风　疹

类似感冒症状，还伴有疹子，是什么？

天气变化、气温骤降的时候，很多人都会患上呼吸道疾病，出现发热、食欲减退、头痛、疲倦以及咳嗽、咽痛等感冒症状。而有的呼吸道疾病除了出现上呼吸道症状外，还伴有面部、四肢和躯干出现红色的疹子，风疹就是其中的一种。一般来讲，风疹患者临床症状比较轻，可在家护理。同时，医生还会嘱咐患者的其他家庭成员要注意防范，以防被传染。那么，这个像轻微感冒又出疹子的风疹是怎么得的呢？平常要怎么预防呢？

风疹的初认识

风疹是由风疹病毒引起的急性呼吸道传染病，是一种发疹性疾病，一年四季均可发病，冬、春季节高发。其具有非特异性症状和体征，主要以发热、皮疹以及耳后、枕后淋巴结肿大为特征，胎儿早期感染可导致严重先天畸形。

风疹的临床症状有哪些？

风疹的症状具有三个特点：来得急，走得快，不留痕。其潜伏期为14～

21天。患者起病急，病症轻，一般以低热为主，有轻度的上呼吸道症状，全身皮肤在起病1～2天内出现红色斑丘疹，出疹顺序为头面部—躯干—四肢，耳后、枕后、颈部淋巴结肿大，可伴有结膜炎，或伴有关节痛，口腔无黏膜斑，红色斑丘疹通常持续1～3天。风疹的皮疹较麻疹轻，且不发生融合，退后不留色素沉着。此外，孕妇在妊娠早期若患风疹，则风疹病毒可以通过胎盘感染胎儿，新生儿由此可患先天性心脏畸形、白内障、耳聋、智力低下等，这一类病变被称为先天性风疹综合征。

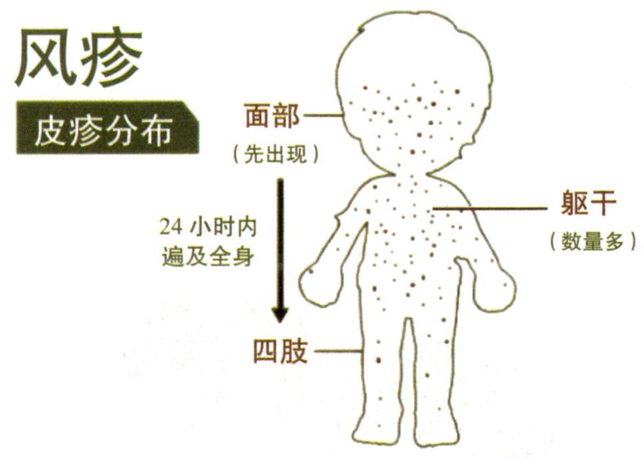

风疹的传播途径

风疹患者是本病的传染源。30%～50%的人群感染风疹病毒后仅表现为亚临床症状，或患病时病情轻微，易被忽视，这部分人群可成为潜在传染源。

风疹病毒主要通过空气飞沫传播，其次通过呼吸道分泌物的人与人亲密接触传播。另外一个传播途径为垂直传播，也就是怀孕的妈妈可将风疹病毒传给胎儿。

我国风疹病例以儿童为主，人群普遍易感，感染后可获得持久免疫力。免疫力低下者可以发生再次感染。

风疹应该怎么防?

免疫接种含风疹成分疫苗是预防风疹的首要措施,婴幼儿、青少年和育龄期女性要及时提前接种。

其他预防措施还包括以下几种。

(1)控制传染源,对风疹患者应及时隔离治疗,一般患者可以在家隔离,至少隔离至出疹后 5 天。

(2)托幼机构或中小学校等人口聚集场所易引起风疹暴发流行,应严格实行晨检及午检制度,注意环境卫生,勤开窗通风,保持空气新鲜。

(3)风疹流行期间,尽量减少去人群密集场所,更不要接触风疹患者。呼吸道疾病高发季节,前往人群聚集场所时应注意加强个人防护。

第5课 麻 疹

可怕的“见面传”

有一种具有极强传染性的疾病，外号“见面传”，它就是麻疹。曾经，麻疹是我国儿童死亡的主要原因之一，高峰时期，一年可夺走数十万儿童的生命。随着麻疹疫苗的推广、医疗和生活环境的改善，麻疹的发病率有所下降。然而，近年来，凭借着极强的传染性，一度被疫苗和群体免疫压制的麻疹病毒又开始在全球多个国家频繁出现，隐隐有卷土重来之势。我国部分地区也时有麻疹疫情暴发。那么，麻疹真的很恐怖吗？又该怎样预防呢？

了解麻疹

麻疹是由麻疹病毒引起的急性呼吸道传染病，传染性极强，多发生于冬、春两季。麻疹病毒一般会在人体内潜伏8～12天，出疹前4天到出疹后4天均有传染性。在疫苗前时代，麻疹呈世界性分布，是危害儿童生命健康极其严重的传染病之一。发生过麻疹的患者能够获得终身免疫，通常不会再患病。目前，得益于疫苗的应用和医疗水平的提高，麻疹已不再那么恐怖，但仍需谨慎防范。

麻疹的主要症状

麻疹发病后，典型症状为“烧三天（前驱期），出三天（出疹期），退三天（恢复期）”。早期有发热、流涕、喷嚏、咳嗽、流泪、畏光、眼睛发红疼痛等表现，口腔颊黏膜可出现灰白色小点，即科氏斑，是早期诊断的重要依据。患者还可伴有全身不适、食欲减退、精神不佳，在发热 3 ~ 4 天后出现玫瑰色斑丘疹，自耳后、发际、前额、面颈部开始，自上而下波及躯干、四肢、手掌及足底。出疹时体温达到高峰，全身症状加重，出疹持续 3 ~ 5 天。皮疹出齐后，依出疹顺序逐渐隐退，颜色变暗，有色素沉着及糠皮样脱屑，1 ~ 2 周消退。疹退的同时体温也下降到正常。麻疹常见的并发症有肺炎、喉炎、中耳炎、脑炎，其中以肺炎最为常见，严重者可导致死亡。

麻疹是怎么传播的，哪些人易患麻疹？

（1）传染源：麻疹患者是本病的唯一传染源。

（2）传播途径：麻疹主要经空气飞沫传播。麻疹病毒存在于患者眼、鼻、口、咽和气管等的分泌物中，可随飞沫经鼻咽部或眼结膜侵入人体，由衣物、玩具等间接传播者少见。

（3）易感人群：人群对麻疹病毒普遍易感，未接种过麻疹疫苗或未成功免疫的人、未患过麻疹的人均为易感者。麻疹传染性极强，易感者接触后 90%以上均发病，病后有持久免疫力。幼时接种麻疹疫苗，以后未再复种，也未遇到过麻疹患者，免疫力可逐年下降，也可成为易感者。成年人多因儿童时期患过麻疹或接种过麻疹疫苗而获得免疫力。

婴儿可从胎盘得到母亲抗体，但出生6个月以后抗体逐渐消失。易感母亲的婴儿对麻疹无免疫力，出生后即可得病。

怎样正确预防麻疹?

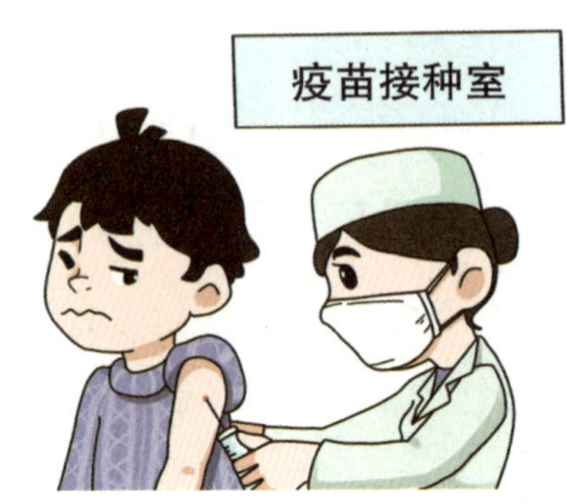

接种疫苗是预防麻疹的最佳措施。未接种过疫苗的较大儿童或成年人可随时接种，接触过麻疹患者后应尽快接种麻疹疫苗。

其他预防措施包括以下几种。

(1)养成良好的个人卫生习惯，保持室内空气流通。切断传播途径，做到“三晒一开”，即晒被褥、晒衣物、晒太阳，开窗换气。

(2)“人多的地方不去凑热闹”，冬、春季节尽量避免在人口密集的地方逗留，带幼儿就诊时需做好个人防护，避免院内感染。

(3)早期发现患者，早期隔离。一般麻疹患者可在家隔离治疗。若学生患有麻疹，一般在出疹后的4天内不应上学，以免将疾病传染给无免疫力的同学。

第6课 水痘

脸上冒出的痘痘不一定是青春痘，也有可能是水痘

上初中的小明早晨起床照镜子时发现自己额头冒出来一颗小痘痘，再联想到生理课老师曾说过青春期到来后有些人脸上就会冒出青春痘，他误以为这是长大的标志。谁知，过了两天后，小明脸上的痘痘越来越多，还出现了发热，于是去医院就诊。医生诊断这并非青春痘，而是水痘，需要在家隔离治疗。在接下来的几天里，小明所在的班级里陆陆续续有学生也被确诊为水痘，人数一下子就上升到了十几例。一周之后，班上又有新的水痘病例出现，还有一些同学有疑似水痘的症状，都需要在家隔离，只有一半的学生在校上课。那么，这个看似不起眼的小痘痘，怎么会有如此大的威力呢？快来随我了解一下吧！

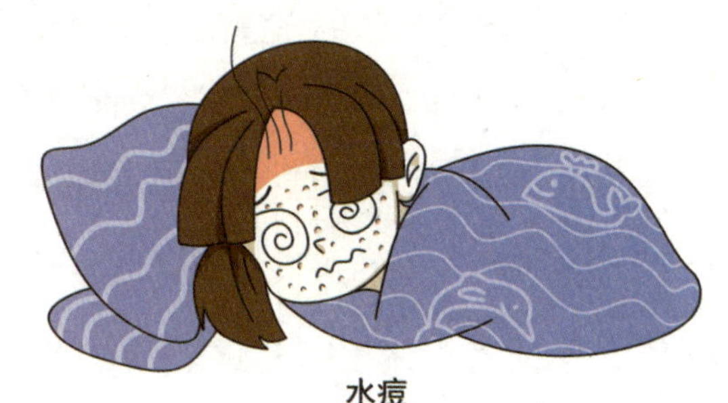

水痘

疾病简介

水痘是由水痘-带状疱疹病毒引起的急性呼吸道传染病。患者多为1～14岁的儿童。水痘在幼儿园和中小学校最容易发生和流行。水痘虽属于急性传染病，但通常不会引起严重的并发症。

水痘的传染源和传播途径

水痘患者是水痘唯一的传染源。

水痘主要通过空气飞沫、直接接触破损皮疹、母婴垂直传播等途径传播。水痘的传染性极强，从发病至皮疹结痂（干性）都有传染性。

水痘的传播途径

水痘全年均可发病，以冬、春季节为主，发病者主要是学龄儿童。水痘患儿一旦在托幼机构、学校等集体单位发现，常可造成暴发。

水痘的临床表现

水痘的潜伏期为 12 ～ 21 天，平均为 14 天，起病较急。年长儿童和成年人在皮疹出现前可有发热、头痛、全身倦怠、恶心、呕吐、腹痛等前驱症状，小儿则皮疹和全身症状常同时出现。水痘患者常在发病 24 小时内出现皮疹。皮疹先发生于头皮、躯干受压部位，呈向心性分布，最开始为粉红色小斑疹，迅即变为米粒至豌豆大的圆形紧张水疱，周围伴有明显红晕，有水疱的中央呈脐窝状。黏膜亦常受侵，见于口腔、咽部、眼结膜、外阴、肛门等处。

水痘皮疹呈向心性分布

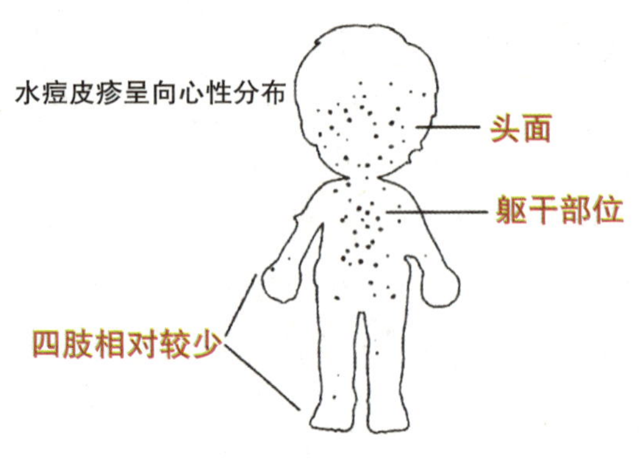

出疹期内，皮疹分批相继出现。皮损呈现由细小的红色斑丘疹—疱疹—结痂—脱痂的演变过程。水疱期痛痒明显，若因抓挠继发感染时可留下轻度凹痕。体弱者可出现高热。约 4%的成年患者可发生播散性水痘、水痘性肺炎。

如何预防水痘?

(1)接种水痘减毒活疫苗是最经济、最有效的预防控制措施。根据《陕西省水痘减毒活疫苗接种指导意见》的要求,目前陕西省水痘疫苗的常规接种程序为:①首剂接种在满12月龄起进行,第二剂接种最好间隔1年,最少间隔不少于3个月,应在3岁入托前完成。②3周岁以上儿童,如果已经有一剂接种史,择期接种第二剂,至少与上一剂间隔3个月以上。

(2)水痘高发时期,避免接触水痘或带状疱疹患者,应尽量少去人口密集的公共场所,如需前往,应佩戴口罩,提高自我防护意识。

(3)注意个人卫生,增强体质。经常洗澡、换衣服,保持皮肤清洁,勤剪指甲,勤洗手,坚持体育锻炼,增强抗病能力,运动前后注意及时增减衣物,防止着凉。

(4)经常开窗通风,保持空气清新。教室、活动室、宿舍等要勤开窗,保持空气流通,可用1∶100的84消毒液擦洗课桌椅和学习用具,或喷洒消毒液进行空气消毒。

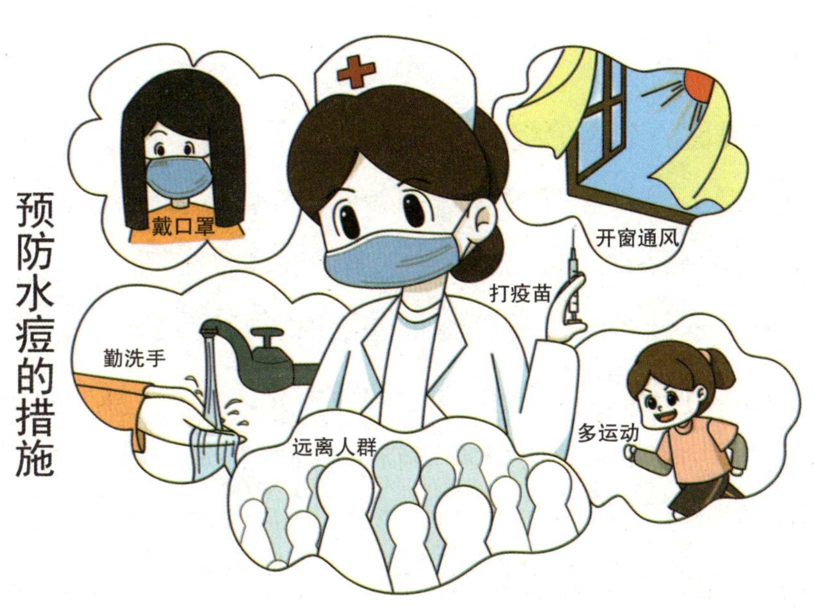

第 2 单元 校园常见消化道传染病

什么是消化道传染病?

消化道传染病主要是通过患者的排泄物(如呕吐物、粪便等)传播的,属于病从口入的疾病,病原体随排泄物排出患者或携带者体外,经过生活接触污染了手、水、食品和食具等进入体内而感染。

常见的消化道传染病有病毒性肝炎、细菌性痢疾、脊髓灰质炎(小儿麻痹症)、伤寒、副伤寒、霍乱、副霍乱、各种肠道病毒感染(如柯萨奇病毒、埃可病毒等感染)、细菌性食物中毒以及各种肠道寄生虫病(如阿米巴痢疾、蛔虫病、绦虫病)等。

消化道传染病防护宝典

(1)养成良好的个人卫生和饮食习惯。不吃腐败变质的食物,不喝生水,不吃生冷食物,不吃苍蝇叮爬过的食物,不暴饮暴食,实行分餐制,养成餐前便后洗手的良好习惯,生食瓜果蔬菜前要洗涤消毒,杜绝生吃水产品,罐头食品出现鼓起或色、香、味改变的情况时不可食用。

(2)加强个人防护,了解消化道传染病的相关知识。充足的睡眠和丰富的营养可增强体力,有助于预防夏季肠道传染病,适当进食蒜、醋可预防胃肠道传染病。

(3)得了消化道传染病应立即去医院就诊,不要胡乱用药,特别是不能

自行使用抗生素进行不规范治疗，防止耐药性的产生；某些肠道传染病因抗生素的不当使用，甚至可引起生命危险。

（4）必要时进行疫苗接种，如接种甲肝疫苗可预防甲型肝炎。

第7课 甲型肝炎

贝壳里不仅有耀眼的珍珠，还有隐藏的病毒

我们常说“病从口入”，说的是被污染的食物被人食用后，会导致人罹患疾病。这也是消化道传染病的常见传播方式。有的人说：“我把东西洗干净一点就可以放心吃了吧？”其实，还真不一定，我们来回顾一个事件。

1988年，某市因为周边水域毛蚶（一种贝类）大丰收，毛蚶被请上许多人的饭桌，为了追求口感，人们采用一种非常保鲜的烹饪方法把这些毛蚶制成半熟的毛蚶。然而，享受美食的喜悦还未退去，传染病的阴云马上笼罩过来了。正是食用了这些“鲜嫩的毛蚶”，数以万计的人出现发热、恶心、呕吐、腹泻的症状。一下子所有医院人满为患，经检测，毛蚶中携带甲型肝炎病毒，最终导致短短4个月，该市报告了数十万甲型肝炎病例。那么，就让我们来走近“甲型肝炎”，了解甲型肝炎及其预防措施，避免再次出现类似事件。

了解甲型肝炎

甲型肝炎是由甲型肝炎病毒（HAV）引起的一种以肝脏实质细胞炎症损伤为主的急性消化道传染病。它主要通过粪－口途径传播。甲型肝炎在世界各地都有流行，其流行强度与经济条件、卫生习惯密切相关。

甲型肝炎的症状有哪些？

甲型肝炎的潜伏期多为15～45天，平均为30天。患者发病比较急，通

常有畏寒、发热、食欲不振、恶心、呕吐、疲乏、尿呈褐色、肝肿大及肝功能异常等临床表现。部分患者还可出现黄疸，主要表现为急性肝炎，病程一般持续数日至2周。个别免疫力低下或服用免疫抑制剂的甲型肝炎患者，其病程可延长至半年，甚至一年以上。本病一般为自限性肝脏炎症，无持续感染，不产生长期病毒携带者，不会转变为慢性。

甲型肝炎的传播途径

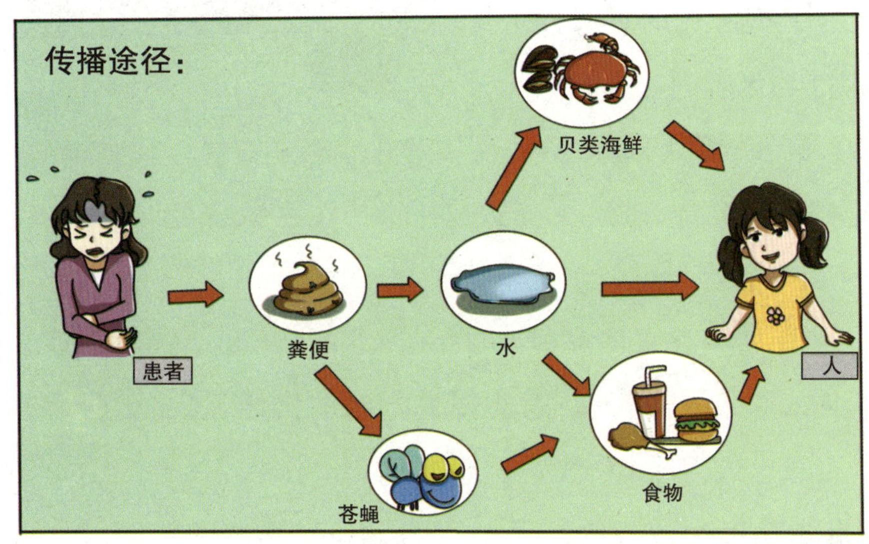

(1)传染源：主要为急性期甲型肝炎患者和无症状感染者。潜伏期后期(发病前1 ~ 2周)以及急性期(病程最初1 ~ 2周)甲型肝炎患者粪便中可排出大量甲型肝炎病毒，这是传染性最强的阶段。

(2)传播途径：主要传播途径是粪－口途径，即传染源的粪便污染外环境、饮用水源、食物，易感者通过饮用被甲型肝炎病毒污染的水，或食入被污染的食物，或与甲型肝炎患者、无症状感染者接触等方式感染；还可经血液传播，如共用注射器静脉注射。

(3)易感人群：没有自然感染过甲型肝炎病毒和未接种过甲肝疫苗的人普遍易感。

不想得甲型肝炎，什么预防方法最可靠？

目前，由于还没有特效药物治疗甲型肝炎，因此做好预防工作尤为重要。任何一种传染病的防控，主要是做到切断传染链。

首先，控制隔离传染源。对于已被诊断为甲型肝炎的患者要进行隔离治疗，与患者同吃、同住、同生活或者可能接触到病毒污染物而没有采取防护的人，要从最后一次接触开始实行45天的医学观察。在观察期间，要注意饮食、饮水卫生，不用公共水杯，不外出做客。

其次，切断传播途径。做好“三管一灭”，即管水、管食品、管粪，灭蝇。加强食品及饮用水卫生管理；对粪便进行无害化处理，使厕所远离水源；有效灭蝇。注意个人卫生，勤洗手，会洗手。

甲型肝炎病毒生命力比较顽强，具有耐温、耐酸的特性，对热的抵抗力比一般肠道病毒强。100 ℃ 1分钟可使甲型肝炎病毒灭活。因此，日常生活中应做到不食用不干净的食物及生水，食用水产品时不要一味追求口感，切记充分加热后再食用，防止“病从口入”。

除了把好“入口关”，接种疫苗是预防甲型肝炎最有效、最经济的措施。目前，我国使用的甲肝疫苗有甲肝灭活疫苗和甲肝减毒活疫苗两种。食品行业从业人员、卫生保健人员、粪便处理人员、从甲型肝炎非流行区旅游或出差至流行区的无免疫史人群，以及学龄前儿童、各年龄段学生、军人等集体生活者都是重点接种的群体。

第8课　细菌性痢疾

“苍蝇小店”里的大隐患

夏季是一年四季中小杰最喜欢的季节，白天在家有空调、西瓜，晚上出门，火锅、烧烤、小吃应接不暇。小杰喜欢美食，也爱搜罗美食店，在网上看到一家网红店，评论里都说卫生一般，但是味道很好，网友称其为“苍蝇小店”。小杰决定约志同道合的好友一起去品鉴美食。当天晚上，与好友相聚的喜悦还未消散，小杰就已经往厕所跑了好几趟，他感觉自己左腹部下方疼痛，总想解大便，但又解不出多少，后来还出现了发热，浑身无力。去医院检查后，才知是患了细菌性痢疾，需要住院治疗。

小杰的美食探索之旅就这样草草结束啦，但细菌性痢疾这种疾病我们还需要进一步了解。

疾病简介

细菌性痢疾简称菌痢，亦称为志贺菌病，是志贺菌属（痢疾杆菌）引起的肠道传染病。志贺菌经消化道感染人体后，可引起结肠黏膜的炎症和溃疡，并释放毒素入血。菌痢常年散发，以夏、秋季节多见，是我国的常见病、多发病。儿童和青壮年是菌痢高发人群。本病有有效的抗菌药治疗，治愈率高。

疗效欠佳或转为慢性者，可能是因未经及时正规治疗、使用药物不当或耐药菌株感染所致。

细菌性痢疾的传染源和传播途径

细菌性痢疾的传染源为菌痢患者及带菌者，其中轻型（非典型）患者、慢性患者及带菌者由于症状轻或无症状而易被忽略。

菌痢的传播途径主要为粪-口传播，常通过被污染的食物、水、日常生活用品或手经口使人感染，亦可通过苍蝇和蟑螂等污染食物而传播，如水源被污染，易引起暴发或流行。

细菌性痢疾的临床表现

细菌性痢疾的潜伏期为数小时至7天，一般为1～3天。患者起病急骤，会有畏寒、寒战伴高热、腹痛、腹泻和里急后重，每天排便10～20次，但量不多，呈黏液脓血便，并有中度全身中毒症状。重症患者可伴有惊厥、头痛、全身肌肉酸痛，也可引起脱水和电解质紊乱，易引起休克。中毒型患者全身中毒症状明显，高热可达40 ℃以上，出现精神萎靡、四肢厥冷、反复惊厥、嗜睡，甚至昏迷。

如何预防细菌性痢疾？

（1）注意饮食卫生，谨防病从口入：不喝生水，不吃腐败变质的食物，生食瓜果蔬菜一定要清洗干净后食用。饭菜尽量做到当餐加工，当餐食用。尽量不进食剩菜，如要食用，一定要做好二次加热并彻底热透。

（2）养成良好的个人卫生习惯：门把手、公共汽车扶手等均可被痢疾杆菌污染，所以做好个人卫生很重要，从外面回到家及饭前便后均要彻底洗手。

（3）食物生熟分开：储存、制作食物时注意生熟分开。冰箱内如同时存

放生、熟食品时，应按照上熟下生的方式存放；制作生、熟食物的刀具也尽量区分开。

（4）防蝇、防蟑螂：细菌性痢疾可由苍蝇、蟑螂间接传播。日常生活中，需妥善储存食物，防止苍蝇、蟑螂等叮爬食物，安装纱门、纱窗等防蝇，及时打扫卫生，消灭蟑螂。

（5）保证充足的睡眠和丰富的营养，增强机体抵抗力。

（6）细菌性痢疾流行期间不举行大型聚餐活动，一旦出现发热、腹泻症状，应及早去正规医疗机构就诊，切勿延误病情。

第9课 诺如病毒病

多名学生上吐下泻，警惕“诺如”来袭

2019年3月的某个周五，某大学的小刘同学早上在学校食堂吃了粥和菜合子，到了晚上就觉得恶心，想吐，于是把食物全都吐了。同学小林也在同一天出现了类似的情况，小林当天中午也在学校食堂就餐过，买的是汉堡，当天晚上自觉恶心，第二天起床后吐掉了前一天的食物。不仅如此，小刘身边认识的朋友也有几个出现了这种情况。出现症状的同学都说曾在周五于学校食堂就餐过，后经检测确定为诺如病毒感染。

这已不是第一起学校诺如病毒感染事件。在我国，每到秋、冬季节，全国各地都会有诺如病毒病暴发的案例，主要发生在学校。但不要怕，只要掌握了诺如病毒病的相关知识，我们就拥有了御敌的盾牌和武器。

疾病简介

诺如病毒又名诺沃克病毒，是引起急性胃肠炎的常见病毒之一。诺如病毒病全年均可发病，每年的11月到次年3月是其暴发的高峰期。该病具有发病急、传播快、范围广等特点，感染对象主要是成年人和学龄儿童。

根据基因的序列同源性，诺如病毒至少分成了7个基因群，不同的诺如病毒株间频繁发生重组，导致该病毒的遗传多样性快速改变，每隔数年就会出现新变异株，因此，人一生中可多次被感染。诺如病毒感染通常为自限性，一般情况下无须特殊治疗，预后良好，目前也没有特效的治疗药物。

诺如病毒的传播方式和传染性

诺如病毒的传播途径包括人传人、经食物和经水传播。

人传人可通过粪－口途径（包括接触被感染者的粪便或呕吐物产生的气溶胶）或间接接触被排泄物污染的环境而传播。

食源性传播是通过食用被诺如病毒污染的食物进行传播，污染环节可出现在感染诺如病毒的餐饮从业人员在备餐和供餐中污染食物，也可出现食物在生产、运输和分发过程中被含有诺如病毒的人类排泄物或其他物质（如水）所污染。贝类海产品（如牡蛎）和生食的蔬果类是引起本病暴发的常见食品。

经水传播可由桶装水、市政供水、井水等饮用水源被污染所致。

诺如病毒病传染性强，患者患病的急性期和症状消失后的3天内是传染性最强的时期，且在封闭空间的传播速度非常快，可在学校、餐馆、医院、托幼机构等集体场所引起暴发。

诺如病毒感染的临床表现

诺如病毒病潜伏期较短，一般为24～48小时，最短12小时，最长72小时。大部分诺如病毒感染者为轻症患者，感染后最常见的症状表现是腹泻和呕吐，其次为恶心、腹痛、发热、畏寒、肌肉酸痛等。与其他病毒引起的胃肠炎相比较，诺如病毒感染时患者的呕吐更为严重。若

有腹泻，则一般为中等程度（4 ~ 8次/24小时）。诺如病毒病为自限性疾病，病程通常较短，多数患者症状持续时间为2 ~ 3天，少数病例会发展成重症，甚至死亡。高龄人群、低龄儿童、既往有基础疾病以及免疫力低下的人群，病程会更长。

个人如何预防诺如病毒感染？

（1）注意手卫生：用肥皂和清水认真洗手，尤其在如厕后，以及每次进食、准备和加工食物前。

（2）水果和蔬菜食用前应认真清洗：诺如病毒抵抗力较强，经60 ℃高温或经快速汽蒸仍可存活。因此，牡蛎和其他贝类海产品应深度加工后再食用。

（3）加强体育锻炼，均衡饮食，提高身体抵抗力。

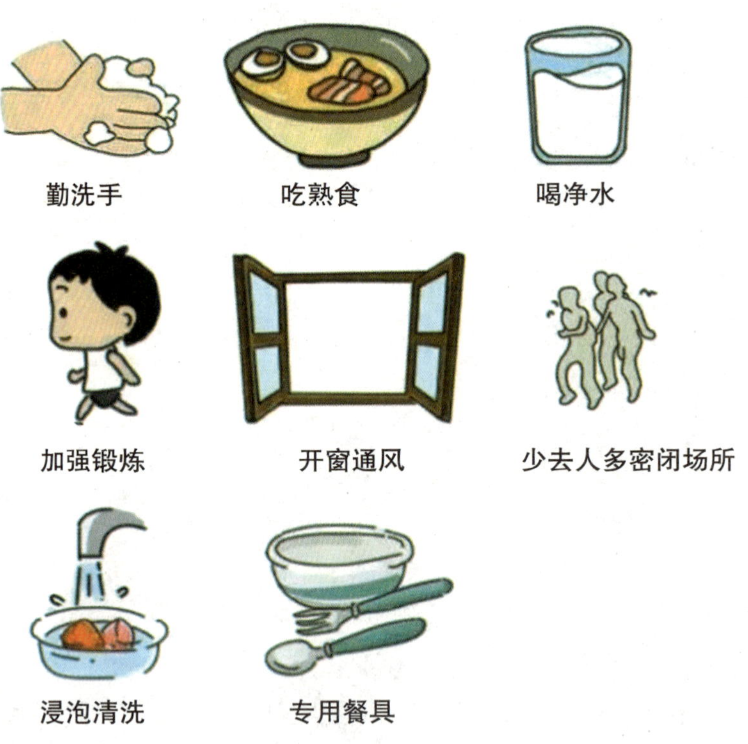

学校应如何预防诺如病毒感染?

诺如病毒在封闭空间的传播速度非常快,可在学校、餐馆、医院、托幼机构等集体场所引起暴发。学校在预防诺如病毒感染时应注意以下几点。

(1)加强传染病健康宣教工作,督促学生做好个人卫生,保持良好的手部卫生,做好晨检及午检、因病缺勤登记至关重要。

(2)一旦发现学生出现恶心、呕吐、腹泻等症状,要求患病学生及时回家隔离治疗,并按照规范进行消毒处理;发生聚集性发病和突发疫情时,应及时向辖区疾控中心报告,在相关专业人员指导下进行疫情调查和处置。

(3)建议学校做好校内环境消毒,以及厕所、公用通道和教室的消毒,同时应注意对桌面、楼梯扶手、门把手等易污染处每日消毒。

(4)食品安全管理人员应每天对从业人员上岗前的健康状况进行检查。患有发热、腹泻、咽部炎症等病症及皮肤伤口感染的从业人员应主动向食品安全管理人员报告,暂停从事接触直接入口食品的工作,必要时进行临时健康检查,待查明原因并将有碍食品安全的疾病治愈后方可重新上岗。

第 3 单元 校园常见自然疫源性疾病及寄生虫病

什么是自然疫源性疾病?

自然疫源性疾病主要是指某一地区存在某种传染病的动物传染源、传染媒介及病原体生存传播的自然条件,致使病原体在野生动物间传播,并能在自然界生存、繁殖。当人类进入这种地区时,由于某些特殊的暴露而被感染,这种疾病就称为自然疫源性疾病。常见的自然疫源性疾病有流行性出血热、狂犬病、布鲁氏菌病、乙脑等。其常见的传播媒介有老鼠、蚊子、白蛉等。

如何预防自然疫源性疾病?

预防自然疫源性疾病,个人防护是关键,同时应采取综合性预防措施,主要包括以下几个方面。

(1)避免接触。外出时,应避免接触野生动物和流浪动物,家中养有宠物或牲畜的,切莫与其过度亲密接触,并及时清除其粪便,定期清洁和消毒宠物或牲畜的生活环境。尽量避免在水边、草地等老鼠经常出没的地方或蚊虫滋生地活动。在去野外游玩时,尽量穿长裤长衫、不露脚趾的户外鞋,不要在野外草地上睡觉。

(2)环境治理。学校应及时清除蚊虫滋生地,清理积水和杂物,积极采取灭蚊措施,降低蚊虫密度;做好环境卫生和室内卫生,及时清理垃圾,清除老鼠的栖息场所。设有食堂的学校应保管好食品,注意食品卫生、食具消

毒，严防鼠类污染食物及食具。

（3）个人防护。养成良好的个人卫生和饮食习惯，不吃不清洁的食物，饭前洗手，不喝生水。特别是肉、奶等食品，食用前一定要充分加热，不可食用生肉、生奶等。参加户外活动时，避免在蚊虫、蜱虫活动的高峰期以及畜舍或蚊虫滋生地附近玩耍，穿浅色长袖衣裤，并在脸、颈、手等裸露部位涂搽驱蚊剂，减少被蚊虫、蜱虫叮咬的机会。家里或宿舍应使用纱窗、蚊帐、蚊香等。接触牲畜后要及时清洗全身和消毒。

（4）疫苗接种。针对有疫苗可预防的自然疫源性疾病，在流行季节前或进入疫区前应注射相关疾病的疫苗，以达到预防效果。在被猫、狗等动物抓伤或咬伤后，应及时前往规范犬伤处置门诊处理，并根据暴露等级进行狂犬病疫苗及免疫球蛋白的接种。

第10课 流行性出血热

千面病毒的前世今生

第一次世界大战时，蛰伏战壕的士兵不只身受轮番炮火、毒气和机关枪射击的摧残，还有一种奇怪的疾病威胁着他们的生命。这种疾病的主要症状是肾衰竭和出血。第二次世界大战期间，这种疾病再次出现，但一直没人能说清它是什么病。只知道一点，它似乎在战争期间滋生。随着时间的推移，它有了越来越多的名字，如“肾水肿”“松花热”“流行性出血热”“传染性肾衰竭”，等等。所有的相同点是都具有传染性，而且战壕里总有老鼠的出没。后来，终于被科学家们从患者和田鼠体内分离出一种病毒，也就是我们下面要了解的“汉坦病毒”。它究竟是什么呢，又会引起什么样的疾病呢？

了解一下流行性出血热

流行性出血热又称肾综合征出血热，是由汉坦病毒属的各型病毒引起的以鼠类为主要传染源的自然疫源性疾病，临床上以发热、低血压休克、充血出血及肾损害为主要特征。

该病起病急，进展快，若救治不及时可引起死亡，尤其被姬鼠所携带的病毒感染，住院患者病死率可高达10%以上，但如果被感染后，能够早发现、

早诊断、及时治疗，那么重症率和病死率可显著降低。

陕西省为流行性出血热自然疫源地，以关中地区为主，且发病有明显的季节性，一般有春夏季、秋冬季两个发病高峰，春夏季以 5 月至 7 月为发病小高峰，秋冬季以 10 月至次年 1 月为发病大高峰。

什么是流行性出血热的传染源？

流行性出血热的宿主动物和传染源主要是小型啮齿动物。我国发现了 53 种以上动物可携带汉坦病毒。除小型啮齿动物外，一些家畜也可携带汉坦病毒，包括家猫、家兔、狗、猪等。

在我国，黑线姬鼠为野鼠型出血热的主要宿主和传染源，褐家鼠为城市型出血热的主要传染源，大林姬鼠是林区出血热的主要传染源。陕西省流行性出血热的主要宿主和传染源是黑线姬鼠和褐家鼠。

流行性出血热是如何传播的？

鼠向人的直接传播是人类感染汉坦病毒的重要途径，其感染方式有以下几种。

（1）接触感染：被带毒动物咬伤或被感染的鼠排泄物、分泌物或污染物直接接触皮肤伤口使病毒感染人。

（2）呼吸道传播：因吸入排泄物尘埃形成的气溶胶而感染。

（3）消化道传播：因食入带毒鼠排泄物直接污染的食物而感染。

（4）垂直传播：孕妇被感染后，病毒可以经胎盘感染胎儿。

（5）螨媒传播：因被鼠类体表螨类寄生虫叮咬而感染。

总的来说，高危行为主要是清除鼠尿、粪和鼠窝，清扫闲置已久的棚子或房屋，生活或工作环境中有鼠类滋生、活动（如粮仓）等。进行该类活动时要戴手套、口罩等防护用品。

流行性出血热主要的临床表现是什么？

流行性出血热的潜伏期通常为7～14天，偶可见4天或2个月者。流行性出血热典型的临床表现有发热、出血和肾损害。患者起病急，早期有发冷、发热等症状；全身酸痛，乏力，呈衰竭状；可有头痛、眼眶痛、腰痛（“三痛”）和面、颈、上胸部充血潮红（“三红”）表现，呈酒醉貌；可出现眼睑水肿、结膜充血和水肿，有点状或片状出血；上腭黏膜呈网状充血、点状出血，腋下皮肤有线状或簇状排列的出血点。患者束臂试验阳性。典型病例病程有发热期、低血压休克期、少尿期、多尿期和恢复期五期经过。轻型或治疗合理而及时的患者往往五期过程不明显，或出现越期现象；重症患者则病情重，来势凶猛，病期可相互重叠，预后差。

预防流行性出血热小贴士

疫苗接种是个人预防流行性出血热最有效的办法。我国针对流行性出血热实行扩大免疫规划接种措施，以高发乡镇作为目标人群，对16～60岁人群进行常规免疫接种。

防鼠灭鼠是预防流行性出血热的关键。

（1）学校应做好环境卫生和室内卫生，及时清理垃圾，清除老鼠的栖息场所。教室、宿舍、图书馆等房门处用挡板挡住门缝，阻断老鼠进入的通道。如果老鼠已经进入教室、宿舍、图书馆等，可借助常见的捕鼠工具及时捕捉清理。

（2）设有食堂的学校及商店应保管好食品，注意食品卫生、食具消毒，严防鼠类污染食物及食具。

（3）同学们应尽量避免在水边、草地等老鼠经常出没的地方活动。在去野外游玩时，尽量穿长裤长衫、不露脚趾的户外鞋，以防被鼠类咬伤。在杂草丛生或者有秸秆堆放的地方，有可能存在鼠尿、鼠粪，建议戴上口罩，以防气溶胶感染。不要在野外草地上睡觉。

（4）切忌玩鼠，发现死鼠时应及时告知老师或家长。

（5）出现不适症状时，尽早去医院就诊。一定要牢记“三早一就”，即早发现、早休息、早治疗，就近治疗。

第11课　狂犬病

谈“犬”色变

相信很多人还对西安某女士被狗咬伤的新闻记忆犹新。2017年6月20日，龙某在过马路的时候，在马路中间被一条狗咬伤，随后龙某前往医院进行治疗，并及时注射了狂犬病疫苗，但随后不久，龙某因狂犬病发作身亡。自此事件之后，很长一段时间，每当提及狂犬病，几乎人人都是谈之色变。那么，什么是狂犬病呢？

认识一下狂犬病

狂犬病俗称“疯狗病”“恐水症”，是由狂犬病病毒侵犯中枢神经系统引起的人畜共患传染病。人得了狂犬病后主要的临床表现有恐水，怕风、声、光，吞咽困难，狂躁等。狂犬病一旦发病，病死率为100%。

主要传染源

其他传染源

世界卫生组织通报称，全球150多个国家和地区存在狂犬病，且导致每年数万人死亡，主要发生在亚洲和非洲。在人类狂犬病死亡病例

中，99%以上是由狗导致的，而且被疑患狂犬病动物咬伤的受害者中，15岁以下儿童占40%。

狂犬病的传染源

狗是我国狂犬病的主要传染源，占95%以上，其次是猫；野生食肉动物（如鼬獾、红狐、貉、狼）是我国重要的野生动物传染源；蝙蝠也可以传播狂犬病，但在我国罕见。

牛、羊、马、猪等家畜和兔、鼠等啮齿动物咬伤风险低。

禽类、鱼类、昆虫、蜥蜴、龟、蛇等不感染和传播狂犬病病毒。

狂犬病病毒是如何传播的？

狂犬病病毒主要通过咬伤传播，也可由带病毒犬的唾液经各种伤口或抓伤、舔伤和皮肤入侵，少数可在宰杀病犬、剥皮、切割等过程中被感染。蝙蝠群居洞穴中的含病毒气溶胶也可经呼吸道传播。器官移植也可传播狂犬病病毒。

彻底煮熟的动物肉和经巴氏消毒法消毒过的奶不会传播狂犬病病毒。

狂犬病的临床表现

人感染了狂犬病病毒后不会立刻死亡，因为狂犬病是有潜伏期的，最常见的是1～3个月，极个别的可短过1周或超过1年。但是同学们应该注意的是，受伤的地方离中枢神经越近，潜伏期就越短，发病也就越快。

狂犬病的临床表现分为躁狂型和麻痹型。前者的典型表现是极度恐惧、恐水、怕风、咽肌痉挛、呼吸困难、排尿及排便困难、多汗、流涎等；后者以四肢无力、麻痹为常见症状，且麻痹多开始于肢体被咬处，之后呈放射状向四周蔓延，使部分或全部肌肉瘫痪，可因咽喉肌、声带麻痹而失音。

如果被咬伤、抓伤，该怎么做？

被狗、猫等动物咬伤后，应尽快接受规范性的处理。通常情况下，完整的处理流程为伤口处理（伤口冲洗—清创—消毒）—注射免疫球蛋白（必要时）—伤口缝合（必要时）—注射疫苗。

如果被咬伤、抓伤或者其他高危行为暴露后，应及时告诉家长和老师，尽快前往专业的犬伤处置门诊进行规范处理，越早采取措施，预后越好。

狂犬病暴露处置的机构叫作“狂犬病暴露预防处置门诊”，各地卫生行政部门或者疾控机构会在网上公布信息。“狂犬病暴露预防处置门诊”一般设置在医院急诊、预防接种门诊，或者独立设置。

被狗咬伤后：

清洗 ⇨ 消毒 ⇨ 接种

如何预防狂犬病？

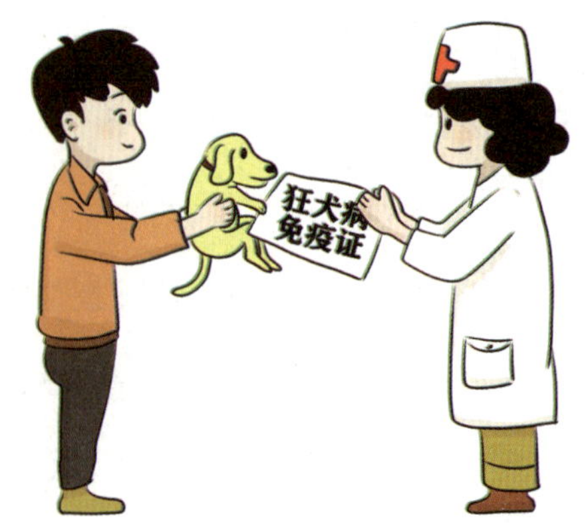

（1）给狗办证、打疫苗：及时给自家的狗办理“养犬登记证”，这是它的合法身份证。除此之外，还要告知家长一定要主动给宠物接种狂犬病疫苗。

（2）遛狗要拴绳：狗也是很喜欢散步的。我们外出时要牵好狗绳，给狗戴好嘴

套，不要让自己的狗与流浪狗或无主狗接触，尽量避让行人，不要骚扰或吓到别人。

（3）保护自己，避免被狗咬伤：外出时，应避免接触野生动物和流浪动物。遇到陌生的狗时要镇定，不要跑，不要叫，不要盯着狗看，更不要踢打、拉扯、逗弄狗。同时，不要打扰正在进食、睡觉或看护幼崽的狗，不要让动物舔舐自己的皮肤伤口，不要接近那些拴着的狗、栅栏后面的狗和没有主人的狗。

（4）被抓伤或咬伤后不要害怕，一定要告诉家长或老师，及时前往专业的犬伤处置门诊处理。

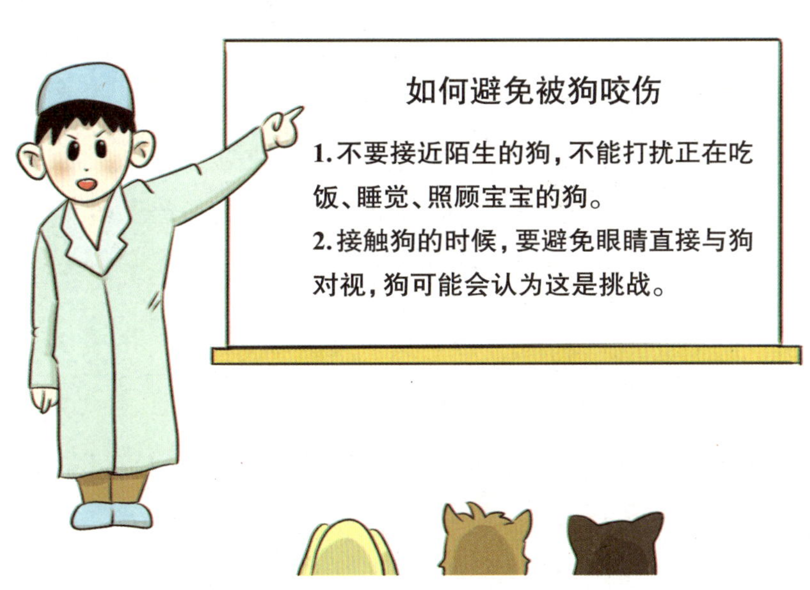

第12课 布鲁氏菌病

帮助羊产羔，咋可能感染布鲁氏菌病呢？

小明的家里养了好几只小羊，每当做完作业后，小明就喜欢去和小羊玩耍。岁末初春，家中的小羊长大了，也要开始产羔了。小明特别喜欢看爸爸妈妈接生小羊羔，因为此时，爸爸妈妈会化身为医生，用自己神奇的双手将可爱的小羊羔顺利接生出来。这不，爸爸卷起袖子，赤手开始帮助羊产羔。不一会儿，小小羊群之家又多了几头小羊羔。可是没过几天，爸爸就开始反复出现发热的情况，平常不爱出汗的他，此时也常常大汗淋漓。起初全家人都没有在意，可后来爸爸总觉得四肢疼痛，也不想干活，这才赶紧去了医院。医生最后给出的诊断是布鲁氏菌病，还说这种病和爸爸接羔有关系。小明不禁纳闷了，不就接生个羊羔么，怎么会得了布鲁氏菌病呢？下面我们就来一起认识一下这个布鲁氏菌病吧！

认识布鲁氏菌病

布鲁氏菌病简称布病，又称“懒汉病”“波状热”，是由布鲁氏菌引起的人畜共患传染病。人得了布病后，主要症状为“热—痛—懒”，即出现发热、出汗、乏力和关节肌肉疼痛等症状，治疗不及时易转为慢性，造成终身残疾，丧

失劳动力。

布病在陕西省流行已久，危害严重。资料显示，1951年榆林即有散发病例存在，1952年首次从定边县的一名患者血液内培养出羊种布鲁氏菌，这也是我国1949年后分离到的第一株布鲁氏菌。

布病的传染源

已知有60多种动物是布鲁氏菌的储存宿主。布病往往在家畜或野生动物中传播，后可波及人类。羊、牛、猪等是布病的主要传染源。鹿、犬和其他家畜居次要位置。陕西省历史上分别曾在羊、牛、犬、鹿体内分离出布鲁氏菌。

布病的传播途径

（1）经皮肤及黏膜接触传播：直接接触病畜或其排泄物、阴道分泌物、娩出物；在饲养、挤奶、剪毛、屠宰以及加工皮、毛、肉等过程中没有注意防护，布鲁氏菌可经皮肤微伤或眼结膜感染人；因间接接触被病畜污染的环境及物品而感染。

（2）经消化道传播：主要是通过食用被布鲁氏菌污染的食品、水或饮用生奶以及未熟的肉、内脏等感染。

（3）经呼吸道传播：因吸入被布鲁氏菌污染的飞沫、尘埃而感染。

（4）其他：如苍蝇携带、蜱叮咬也可传播布病。

总之，凡是接触患布病家畜及其制品的人员，或是生活在疫区与患病家畜污染的环境有接触的人，都有可能患布病。其中，饲养、管理、屠宰家畜的人员，畜产品收购、运输及加工人员，畜牧兽医人员等更容易感染发病。

感染布病后有哪些临床症状？

布病的潜伏期为1～3周，平均为2周，也可长至数月，甚至1年以上。急性期病例以发热、乏力、多汗、肌肉及关节疼痛，以及肝、脾、淋巴结肿大为主要表现。慢性期病例多表现为关节损害、长期发热等。

由于布病临床表现多样，因此增加了布病早期正确诊断的难度，易导致误诊或延迟诊断，从而由急性转为慢性，反复发作，迁延数年，甚至终身不愈，严重影响患者的劳动能力。布病一般不易引起死亡。

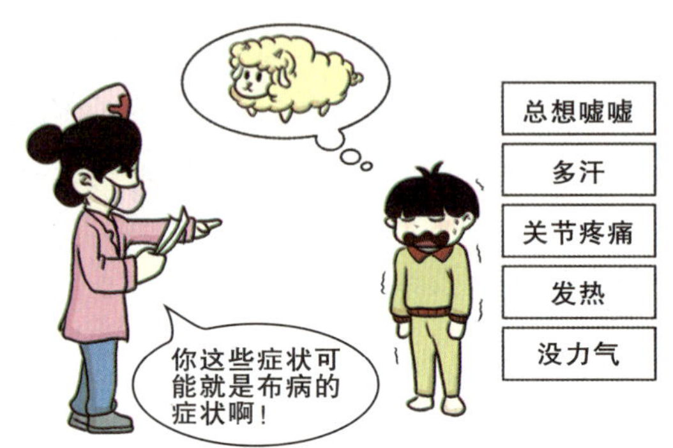

预防感染布病，我们应该如何做？

（1）养成良好的个人卫生和饮食习惯，不吃不清洁的食物，饭前洗手，不喝生水。特别是肉、奶等畜产品，食用前一定要充分加热，不可食用生肉、生奶等。

（2）家中饲养家畜时，切忌因好玩而将家畜放入室内饲养，需要避开水源圈养。同学们也不要用自己的盆或碗去喂养家畜，特别是出现牲畜流产时，不要用手直接与之接触，应及时告知家长，做好彻底消毒处理。在帮家人照料牲畜、清洁圈舍的时候，也要戴好手套、口罩等防护用品，劳动结束后要彻底清洗或消毒。

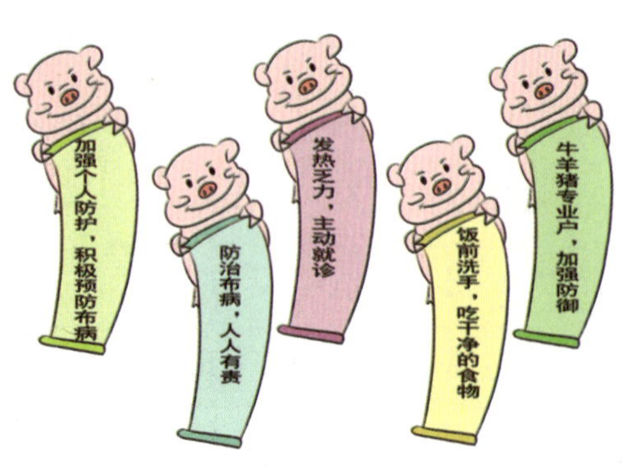

（3）若出现不明原因的发热、乏力、关节酸痛等症状，应尽早告知家长或老师，及时就医。

第 13 课　流行性乙型脑炎

蚊虫叮咬惹人“怕”

每逢夏日来临，迎接同学们的不仅有骄阳烈日、空调和冰淇淋，还有一位在耳边嗡嗡作响的蚊子，而且它们还会引起一系列严重的传染病。曾经在网上看到过一则新闻，衡阳 19 岁的女孩被蚊子叮咬后，出现意识模糊、呼吸衰弱、全身肌肉抽搐，随时都有生命危险，后被医生诊断为流行性乙型脑炎。那么，这个病到底是怎么得的呢？一个小小的蚊子竟然可以威胁到人的生命，同学们千万别拿蚊虫叮咬不当回事，还是先来了解一下吧！

什么是流行性乙型脑炎？

流行性乙型脑炎简称乙脑，是由乙型脑炎病毒引起的，经蚊虫叮咬传播的中枢神经系统感染的急性传染病，也是一种人畜共患的自然疫源性疾病。如果我们不幸被感染后，可能会出现发热、惊厥、昏迷、呼吸衰竭及脑膜刺激征等表现。乙脑的病死率为 5%～30%，部分幸存者会留有严重的神经系统后遗症。因此，乙脑是威胁人类健康的重要传染病之一。

乙脑的传染源和传播途径

乙型脑炎病毒主要通过库蚊传播，在猪、涉水禽鸟等储存和扩增宿主间循环。猪、牛等家畜是乙型脑炎病毒的主要储存宿主和传染源，尤其是猪，在流行地区和流行季节，作为传染源的意义更为重要。一般来说，往往人群间乙脑流行前 2 ~ 4 周，猪群中已广泛传播。

库蚊作为乙脑的主要传播媒介，于水塘、池塘或灌溉稻田繁殖，主要在傍晚或夜间通过叮咬感染乙型脑炎病毒的猪、牛等家畜后再叮咬人，导致病毒侵入人体，使人感染。

人对乙型脑炎病毒普遍易感，但是当同学们被携带乙型脑炎病毒的蚊虫叮咬后，大部分人表现为隐性感染，只有少部分人发病，人与人之间不会相互传染。

乙脑的发病特点

全世界有 24 个国家存在乙型脑炎病毒传播风险，我国是其中之一。目前除新疆、西藏和青海外，我国其他地区均存在乙型脑炎病毒的传播风险。乙脑发病有明显的季节特点，主要在每年 5 至 10 月份，发病高峰通常出现在 7 至 9 月份。陕西省乙脑的发病也主要集中在 7 至 9 月份。

乙脑的发病以儿童和青少年为主，但随着乙型脑炎疫苗的广泛应用，特别是 2008 年我国将乙型脑炎疫苗纳入国家免疫规划后，15 岁以下儿童发病率持续下降。但应注意的是，由于水源环境的改善、降水增加、气温上升等因素的影响，蚊子也越来越多，因此除青少年及儿童外，成年人发生乙脑的病例也在逐渐增多。

乙脑的主要临床表现

乙脑的潜伏期为4～21天，一般为10～14天，以高热、惊厥、昏迷为主要特征，一般发病初期的1～2天常有发热、头痛，并伴有恶心、呕吐、嗜睡等症状，与感冒相似。多数乙脑患者发病后4～10天症状会加重，有的甚至出现昏迷、抽搐和呼吸衰竭等，部分重症患者可留有不同程度的神经系统后遗症，如失语、强直性瘫痪、精神失常等。

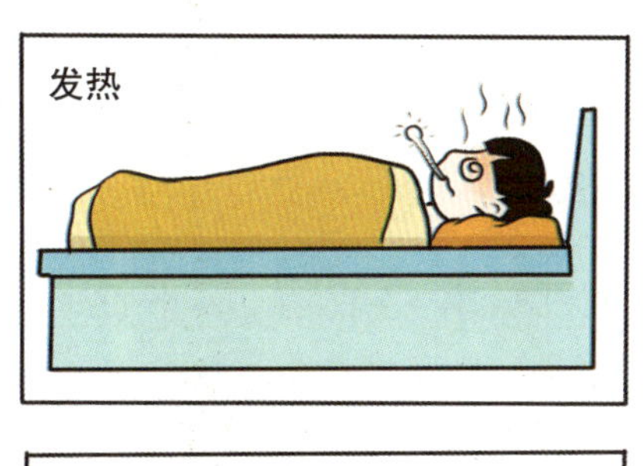

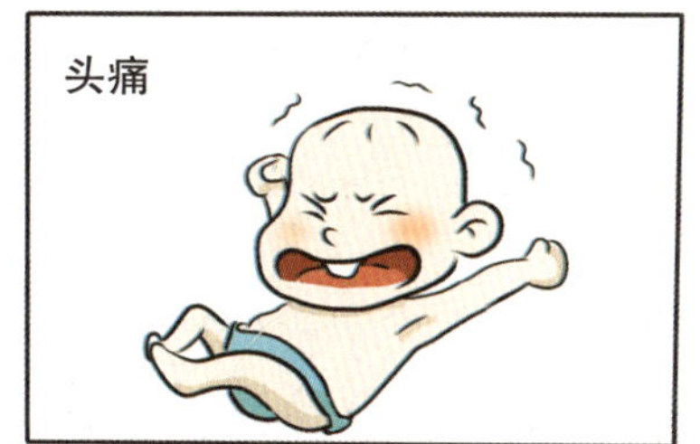

怎样预防乙脑？

接种流行性乙型脑炎疫苗是预防乙型脑炎病毒感染的最有效措施。目前国内外应用的流行性乙型脑炎疫苗有灭活疫苗和减毒活疫苗两种。流行性乙型脑炎灭活疫苗免疫程序为四针法：8月龄儿童接种2剂，间隔7～10天；2周岁和6周岁时各加强免疫1剂。流行性乙型脑炎减毒活疫苗免疫程序为两针法：8月龄儿童基础免疫1剂，2周岁时加强1剂。陕西省目前为适龄儿童免费接种流行性乙型脑炎减毒活疫苗。

其他预防措施包括以下几种。

（1）学校应及时清除蚊虫滋生地，清理积水和杂物，填平洼地，结合情况适时开展药物灭蚊行动，以降低蚊虫密度。

（2）家里或宿舍应使用纱窗、蚊帐、蚊香等防蚊；户外活动时，应避免在蚊虫活动的高峰期、畜舍或蚊虫滋生地附近玩耍，穿浅色长袖衣裤，在脸、颈、手等裸露部位涂搽驱蚊花露水驱避蚊虫，减少被蚊虫叮咬的机会。

（3）接触牲畜后应及时进行全身清洗和消毒。

（4）出现发热、头痛、呕吐等症状时，应及时告知老师或家长，尽早就医。

第14课　其他虫媒传染病

蚊子叮咬别小瞧，有可能是它

暑假来临，小超和爸爸妈妈一起前往非洲大草原探险，感受这片神奇大陆带来的别样体验。一家人睡在石头山的“帐篷屋”中，白天近距离观察非洲大草原上的原生动物，晚上与大家一起唱民谣玩耍。小超的爸爸还是一位资深摄影师，为了能够拍到不同时间段动物的照片，爸爸清晨、傍晚、夜间都会独自窝在大草原上，静候佳机。可非洲的蚊子真是太厉害了，无缝不钻，每次爸爸回来的时候，身上总是被叮满了小红包，可一想到能够拍摄出别致的照片，爸爸也就忍了下来。回国后没几天，爸爸就出现了寒战的表现，随后还出现高热、浑身酸痛等症状，不想上班。爸爸起初以为是感冒，自行喝了几天感冒药却没有好转，这才赶紧去了医院。医生后来给出的诊断是疟疾，并说与被蚊子叮咬有关。大家不禁要问，这个小蚊子叮咬怎么会得疟疾呢？所谓的虫媒传染病，又是什么呢？快随我们了解一下吧！

常见的虫媒传染病

被病原体感染的吸血节肢动物，如蚊、虱、蚤、蜱、螨等，可通过叮咬把病原体传给易感者而引起虫媒传染病。常见的虫媒传染病有疟疾、乙脑、登革热、发热伴血小板减少综合征、恙虫病等。

一、疟疾

疟疾是由人类疟原虫感染引起的虫媒传染病，主要由雌性按蚊叮咬传播。感染人类的疟原虫有间日疟原虫、恶性疟原虫、三日疟原虫和卵形疟原虫，在我国传播的疟原虫主要是间日疟原虫和恶性疟原虫。

疟疾在临床上以周期性发作的间歇性寒战、高热、汗出热退，以及贫血和脾大为特点。间日疟及卵形疟可出现复发；恶性疟发热常不规则，病情较重，可引起脑型疟发作。目前陕西省已无本地疟疾病例，多由非洲、东南亚地区输入。

疟疾患者及带虫者是疟疾的传染源。人被有传染性的雌性按蚊叮咬后即可感染。一般来说，人从感染疟原虫到发病的潜伏期为9～14天。

据世界卫生组织发布的数据，全世界86%的疟疾病例发生在非洲，9%的病例发生在东南亚，其余5%的病例分布在其他地区。我国疟疾主要流行于云南、海南、贵州等南部地区和安徽、河南、江苏、湖北等中部地区。

预防疟疾最有效的办法是防止被蚊虫叮咬。尽量避免在蚊虫活动高峰期（黄昏和夜晚）到野外玩耍；若外出，可穿长袖衣裤，皮肤暴露处可涂抹蚊虫驱避剂；睡前可在卧室喷洒杀虫剂或点蚊香；睡觉时使用蚊帐或长效蚊香；房屋内应安装纱门、纱窗。当和家人去上述疟疾流行区旅行或居住时，若出现发冷、发热、出汗、乏力等症状，应当尽快去医院检查。

二、登革热

登革热是登革热病毒引起的由伊蚊传播的急性传染病。其临床特征为患者起病急骤，高热，全身肌肉、骨及关节痛，极度疲乏，部分患者可有皮疹、出血倾向和淋巴结肿大。

登革热的主要传染源是登革热患者和隐性感染者。埃及伊蚊和白纹伊蚊是其主要的传播媒介，俗称“花蚊子”，陕西省登革热的主要媒介为白纹伊蚊。在新疫区，人群普遍易感，感染后经3～15天的潜伏期便可能发病，但

也有部分人不发病(隐性感染者)。

登革热主要在热带和亚热带地区流行。近年来,南美、东南亚以及我国的广东等地区登革热发病率开始逐渐上升。陕西省目前的登革热病例均为输入性病例,但传播媒介持续存在,仍需着重预防输入病例本地化。

前往流行区时,应避免被蚊虫叮咬,可穿浅色长袖衣裤,外出时使用蚊虫驱避剂驱蚊;房间可用纱门、纱窗,在酒店房间内可使用蚊香、灭蚊气雾剂等。同学们如果在流行区逗留期间出现可疑症状,需要及时告知家长并主动就诊;返回本地后,如果2周内出现发热,要及时就诊,并向医生说明外出史。

三、发热伴血小板减少综合征

发热伴血小板减少综合征俗称蜱咬病,是一种由新型布尼亚病毒引起的急性传染病,因临床表现以发热伴血小板减少为主要特征而得名。

发热伴血小板减少综合征的传染源和传播途径尚不确定,流行形式以散发为主。调查发现,该病存在人传人的聚集性疫情,说明急性期患者血液具有传染性。在丘陵、山地、森林等地区生产、生活的人群感染风险较高。

发热伴血小板减少综合征常急性起病,主要临床表现为发热,体温多在38 ℃以上,重者持续高热,可达40 ℃以上,部分病例热程可长达10天以上,伴乏力、明显纳差、恶心、呕吐等,部分病例有头痛、肌肉酸痛、腹泻等。少数病例病情危重,可因多脏器功能衰竭而死亡。

发热伴血小板减少综合征的主要预防措施是防止蜱虫叮咬。蜱大多生活在草地、农田、森林等野外环境,因此应注意以下几点。

(1)外出玩耍时,尽量避免在草地、树林等环境中长时间坐卧。如需进入,应穿浅色长袖衣服,扎紧裤腿,或把裤腿塞进袜子或鞋子里,不要穿凉鞋。

(2)裸露的皮肤涂抹驱避剂,还可告知家长外出前将衣服和帐篷等露营装备用杀虫剂浸泡或喷洒。

（3）一旦被蜱虫叮咬，应及时告知家长或老师寻求专业处理，切忌以生拉硬拽蜱虫的粗暴方式处理。

四、恙虫病

恙虫病又名丛林斑疹伤寒，是由恙虫病立克次体引起的自然疫源性疾病，临床上以叮咬部位焦痂或溃疡形成、发热、皮疹、淋巴结肿大、肝脾肿大以及周围血液白细胞数减少等为特征。

在我国，恙虫病的主要流行地区包括广东、福建、广西、江西、湖南、云南、四川、贵州、西藏、安徽、陕西、江苏、浙江、山东、台湾和海南等，尤以东南沿海地区为多。鼠类是恙虫病的主要传染源和储存宿主，野兔、家兔、家禽及某些鸟类也能感染本病。恙螨是本病的传播媒介，当人在疫区的草地上活动或坐卧时，可被带有病原体的恙螨幼虫叮咬而得病。

灭鼠和避免恙螨幼虫叮咬是预防恙虫病的关键。

（1）学校应开展灭鼠行动，当教室、宿舍、食堂等室内场所发现老鼠时，学生应在第一时间告诉老师。学校应及时组织灭鼠，消除老鼠传播疾病的隐患。

（2）避免被恙螨幼虫叮咬，不要在草地上坐卧，如在野外活动时，应扎紧袖口、领口及裤脚口，并可涂上防虫剂；返回后应及时沐浴、更衣，如发现被恙螨幼虫叮咬，应第一时间告知家长或老师寻求专业处理。

预防虫媒传染病，我们应该怎么做？

虫媒传染病的预防主要是切断或消除传播途径，并通过多种途径改善与提高人体免疫力，保护易感人群。

（1）学校要尽量改善环境卫生，及时清理垃圾、室内外积水，减少有害昆

虫的栖息和繁殖场所。

（2）师生在户外活动时应做好个人防护，避免被蚊子、蜱虫等叮咬，穿长袖长裤，减少皮肤暴露，睡觉时可用蚊帐隔离或用蚊香驱赶蚊虫。一旦被叮咬，应及时告知家长或老师。

（3）注意个人卫生，养成良好的生活卫生习惯。

（4）加强体育锻炼，合理膳食，提高自身免疫力。

第15课 寄生虫病

生食虽味美，但要小心哦！

我国饮食文化博大精深，除了烧、烤、煮、焖外，有些人还对生食情有独钟。这不，秋意渐浓，“吃蟹季”又至，小华与小刚等几位发小相约去山里玩耍。途中遇到一条小溪，大家纷纷下溪打闹，并翻开石头抓螃蟹，等抓了好多只后，大家就坐在溪边品尝起了鲜嫩的生螃蟹。事后没几天，与小华同行的两个发小就出现了发热、咳嗽、肚子痛、腹泻的症状，父母给他们吃了几天药也未见好转，就去医院诊治，后经医生诊断为肺吸虫病。又过了几天，小华和其他几个同伴也纷纷“中招”。那么，这个让大家都中招了的“小虫虫”到底是什么呢？下面我们就来认识一下寄生虫病。

什么是寄生虫病？

寄生虫病是寄生虫侵入人体和动物体内而引起的疾病。人体寄生虫病可分为原虫病（疟疾、黑热病、弓形虫病等）、蠕虫病（肺吸虫病、血吸虫病、绦虫病、包虫病等）和由节肢动物所造成的危害（直接危害包括吸血、螫刺和毒害、过敏反应、寄生，间接危害是指由节肢动物所携带的病原微生物或寄生虫对人体造成的危害）。

人体寄生虫病由于虫种和寄生部位不同，所引起的临床表现也不相同，但发病主要取决于进入人体的寄生虫数量、毒力以及人体的免疫力。

世界各地均可见到寄生虫病，但以贫穷落后、卫生条件差的地区多见。

寄生虫病在非洲、亚洲的发展中国家发病较多，这些寄生虫最容易感染的人群主要是接触疫源较多的劳动者和免疫力较低的儿童。

寄生虫病是如何进行传播的？

寄生虫病的主要传染源是带虫（囊）者、储存宿主和转续宿主。

寄生虫病的传播途径包括通过食入被污染的水或食物后感染，还可经节肢动物、土壤、皮肤、胎盘、自身等方式感染。

此外，寄生虫病的传播还需要适宜的温度和湿度、不良的卫生和饮食习惯等条件才可能引起流行。

寄生虫病的危害

同学们可千万别小瞧这些寄生虫，看似不起眼的小虫子，却可以掠夺我们体内的营养，从而引发营养不良、贫血，当然也会破坏我们体内的组织器官，引起严重病变。有时候，这些寄生虫的分泌物、排泄物和死亡虫体的分解物也可以对我们造成危害。

如何预防寄生虫病？

（1）养成良好的卫生习惯，不要随地大小便，饭前便后、接触脏东西、玩耍后要及时洗手。

（2）注意饮食卫生，不喝生水，生食的瓜果和凉拌蔬菜吃前要洗净；不吃生的或未煮熟的肉类食品、鱼、虾、蟹等。

（3）注意个人卫生，不要吸吮手指，要勤剪指甲、勤洗澡。

（4）出游时，尽量不要接触生水，也不要光脚踩踏潮湿的土壤。

（5）家中养有宠物的，切莫与宠物过度亲密接触，及时清除宠物的粪便，定期清洁和消毒宠物的生活环境。

（6）坚持体育锻炼，合理膳食，保持良好的身体状态。

第 4 单元　经血及性传播疾病

什么是经血及性传播疾病？

经血及性传播疾病是指可以通过输血或血液制品、注射、手术等方式以及通过性行为接触或类似性行为接触而传播的一组疾病，其病原体存在于人体血液、体液和分泌物中。可引起此类疾病的病原体包括病毒、衣原体、支原体、螺旋体、细菌、真菌、寄生虫等。一种病原体可以引起几种临床症状，同样的症状也可以由几种不同的病原体引起。当前我国常见的经血及性传播疾病包括艾滋病、乙肝、梅毒、淋病等。

经血及性传播疾病主要的传播方式有哪些？

（1）性行为传播：包括异性、同性及双重性性接触。

（2）非性行为的直接接触传播：即当皮肤有破损时，通过接触患者的病变部位或其含有病原体的分泌物而被感染。

（3）血源性传播：包括通过输血或血液制品引起的感染。

（4）母婴传播：包括胎内感染、产道感染和产后感染。

（5）医源性传播：主要是由未消毒或消毒不彻底的注射器、手术器械、检查器械，以及刺破皮肤或黏膜的其他医疗器械而造成的传播。

如何预防经血及性传播疾病？

预防经血及性传播疾病应采用综合性预防措施，主要包括以下几种。

(1)认识毒品的危害，消除好奇心理，远离毒品，抵制毒品。

(2)洁身自爱，遵守性道德；避免婚前性行为；正确使用质量合格的安全套。

(3)不要去不规范的场所献血或卖血。

(4)避免不必要的注射、输血和使用血液制品；必要时，使用检验合格的血液及血液制品。

(5)避免不洁的文眉、文身。若要补牙、修面、针灸时，一定要去正规医院或有资质的场所。

(6)注意个人卫生，不与他人共用剃须刀、牙刷、指甲钳、毛巾等个人卫生物品。

(7)无乙肝抗体的人员要及时接种乙肝疫苗，以获得一定的免疫力。

(8)经常锻炼身体，保持均衡饮食，注意劳逸结合，提高自身抗病能力。

第16课 艾滋病

疏忽大意终酿惨剧

小强刚进大学校园时是个品学兼优的男生，但上大学后因好奇心而和社会上的一些辍学青年交往较多，并发生了一些不良行为。数月后，小强发现自己的身体出现了问题，总是长时间腹泻，体重也急剧下降，之后联想到学校宣传的艾滋病的相关知识，犹豫再三，进行了抗体检查，检测结果呈阳性。“艾滋病”这听似遥远的疾病，此后或将伴随小强的一生。

艾滋病看似距身在象牙塔中的学生们很遥远，但绝不能漠视它的存在，你的漠视可能成就了“恶魔”的侵入。只要我们掌握好相关的预防艾滋病知识，避免危险行为，艾滋病是可以预防的。

正确认识艾滋病

艾滋病是获得性免疫缺陷综合征（AIDS）的简称，是由人体感染人类免疫缺陷病毒（艾滋病病毒，HIV）引起的一种对人体健康危害极大、病死率极高的严重传染病。艾滋病病毒侵入人体后，能破坏机体的免疫系统，使人体发生多种难以治愈的感染或肿瘤，最终导致死亡。

艾滋病的传染源

HIV感染者(包括处于窗口期的无症状感染者)和艾滋病患者都是艾滋病的传染源。窗口期是指从HIV进入人体到血液中产生足够量的、能用检测方法查出HIV抗体的这段时期。

艾滋病的传播途径

HIV的感染途径主要有性接触传播、血液传播和母婴传播。

(1)性接触传播:此方式为艾滋病目前最主要的传播途径,以男性同性恋及男女之间的异性性接触为主。数据显示,青少年艾滋病患者中通过性接触传播感染的病例占到96%,男男同性传播占到57%。前文中的小强就是通过性接触感染上了艾滋病。

(2)经血液和血制品传播:输入被HIV污染的血液或血制品、共用针具注射毒品也可导致感染。

(3)母婴传播:感染HIV的孕妇可经胎盘、产道、哺乳等方式将艾滋病病毒传染给胎儿或婴儿。

小提示▶ 在日常生活和工作中,与艾滋病病毒感染者或患者握手、拥抱、共同进餐,以及共用劳动工具、办公用品、钱币等不会感染艾滋病。

感染艾滋病病毒后身体有哪些表现?

艾滋病的潜伏期平均为9年,可短至数月,或可长达15年。艾滋病病毒进入人体后,一般要经过2 ~ 12周才能从血液中检测出艾滋病病毒抗体(窗口期)。它对人体免疫系统的破坏是一个渐进的过程,若未经治疗,大约2/3的艾滋病病毒感染者在10年的时间内可发展为艾滋病患者。患者可出现长期低热、体重下降、盗汗、慢性腹泻、咳嗽、皮疹等表现,人体的各系统,从头到脚、从内到外都可能出现问题，最后导致死亡。

怎样预防感染艾滋病病毒？

（1）学习掌握性健康知识，提高自我保护意识与技能，培养积极向上的生活方式。中学生应积极接受性健康教育，掌握科学的性知识，树立正确的性观念，丰富课余生活，提高自制力。性既不神秘、肮脏，也不能自由、放纵。性冲动是一种正常的生理现象，是青少年成长的必经过程。

（2）对于艾滋病目前没有疫苗可以预防，掌握预防知识，拒绝危险行为，做好自身防护才是最有效的防护手段。

1）避免婚前性行为，正确使用质量合格的安全套。

2）认识毒品的危害，消除好奇心理，拒绝毒品及娱乐性药品。

3）不要去不规范的场所献血或卖血。

4）避免不清洁的文眉、文身。

5）避免与他人共用牙刷、指甲钳、剃须刀等生活物品。

6）发生高危行为暴露后，及时告诉家长和老师，或寻求专业人员帮助。

（3）如何规避性骚扰：①避免单人夜行或在不安全的地方独处；②不要轻易相信别人；③警惕陌生人或是不熟悉的人的食物、饮料、香烟等；④和不熟悉的人约会时，带同性朋友一起去，并告知父母；⑤拒绝的时候，一定要大声斥责，切忌忍让。

出了问题怎么办？

在发生高危行为后，应到艾滋病自愿咨询检测（VCT）门诊进行咨询检测。

VCT门诊的医务人员会根据情况判断是否需要进行艾滋病检测，以确诊是否感染了艾滋病病毒。

目前，陕西省各县（区）疾控机构均可提供免费的VCT服务。

第17课　乙型病毒性肝炎

一首《心肝宝贝》唱给你听

相信很多同学对刘德华这个名字很熟悉，他唱过很多脍炙人口的歌曲，其中一首《心肝宝贝》不知大家听过没有，“我为你付出所有的，我的担心，我的甜蜜……心肝宝贝，不要怀疑，最爱的是你”。没听过的同学一定不要错过，非常好听。可是大家知道吗，刘德华因为自己是一名乙型肝炎病毒携带者，但看到很多人对乙肝不重视，非常着急，所以他专门为乙肝防治宣传创作了这首歌曲，希望大家能重视乙肝，而他本人也担当起了“乙肝防控宣传大使”。下面，我们就来了解一下乙肝吧！

什么是乙肝？

肝脏是人体五大脏器之一，对维系人体正常功能发挥着重要作用。甲、乙、丙、丁、戊型肝炎病毒感染肝脏，都能够引起肝脏炎症，危害人体健康。其中，乙型病毒性肝炎因病例数量多，缺乏良好的治疗措施，故危害最为严重。

乙型病毒性肝炎（简称乙肝）是由乙型肝炎病毒（HBV）引起的，以肝脏炎症和坏死病变为主，并可引起

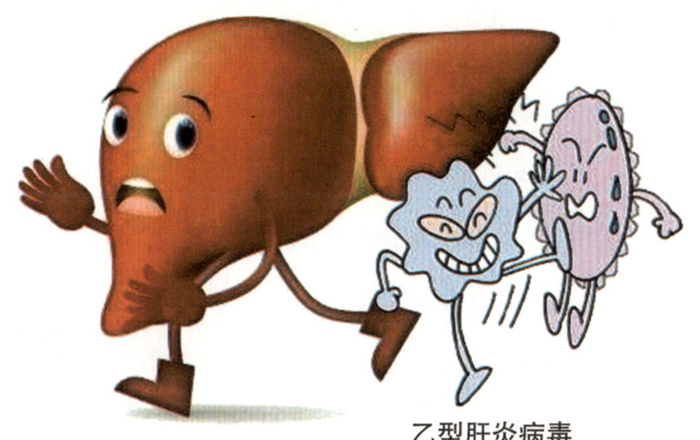

乙型肝炎病毒

多种器官损害的一种传染性疾病，临床表现以消化道症状为主，同时伴有全身症状，病程迁延，易转为慢性肝炎、肝硬化及肝癌。

据世界卫生组织2019年估计，全球有20亿以上的人感染过HBV，其中2.57亿人为慢性HBV感染者，每年约有88.7万人死于慢性HBV感染的相关疾病。

乙肝的传染源和传播途径

急性和慢性乙肝患者及无症状感染者均有可能传染其他人。

乙型肝炎的主要传播方式有经血（输血或血制品、破损的皮肤和黏膜等）传播、母婴传播和性接触传播三种。

日常接触（如握手、拥抱、一起学习、吃饭等）一般不会被乙型肝炎病毒感染，但当同餐的乙肝患者有口腔溃疡时，则是可能传播乙型肝炎病毒的。

乙肝的危害

乙型肝炎病毒引起的肝细胞炎症、坏死不断累积，形成肝纤维化，最终可发展成肝硬化，甚至肝癌。约80%的肝细胞癌病例由HBV感染造成。慢性肝炎也可出现急剧加重，表现为重症肝炎、肝衰竭症状。

感染乙型肝炎病毒年龄越小，迁延成慢性乙肝的可能性越大。1岁以下婴儿感染乙型肝炎病毒后，有90%以上会变成慢性乙肝，5岁以下感染者中有30%～60%可发展成慢性携带者。慢性HBV感染者中，15%～25%会发展为

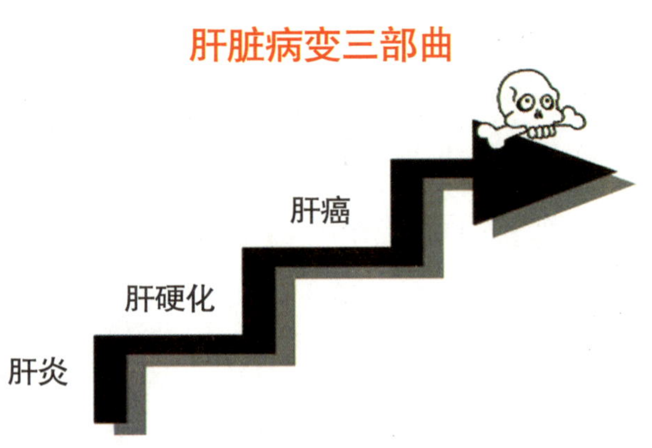

肝硬化或肝癌，导致过早死亡。我国是世界上感染乙型肝炎病毒人数最多的国家，据估算，我国目前约有 9300 万乙型肝炎病毒感染者，其中慢性乙肝患者约有 2000 万人，每年有近 28 万人死于肝硬化、肝癌等肝脏相关疾病。

怎样预防乙肝？

接种乙型肝炎疫苗是预防乙型肝炎病毒感染的最有效措施。目前，对新生儿实行免费接种乙型肝炎疫苗，分别在 0、1、6 月龄各接种 1 剂。我国新生儿乙型肝炎疫苗免疫策略的实施成功地减少了我国低年龄段人群乙肝的感染率和发病率。

同时，建议乙肝高危人群，如医务人员、经常接触血液的人员、托幼机构工作人员、乙肝表面抗原阳性者家庭成员等接种乙型肝炎疫苗。

其他预防措施包括以下几点。

（1）合理膳食，坚持体育锻炼，保持良好的身体状态。

（2）养成良好的卫生习惯，不同他人共用牙刷、剃须刀和毛巾等物品。

（3）如有补牙、修面、针灸等行为，一定要去正规医院或有资质的场所。

（4）避免不安全的性行为。

第 5 单元 新发传染病

什么是新发传染病?

新发传染病是指近 30 年来人们新发现或者新认识的那些造成国际公共卫生问题或者新识别的传染病。新发传染病大致可以分为五类:第一类是新发现的病原体引起的新发传染病;第二类是原有病原体的新变异株引起的新发传染病;第三类是新认知的新发传染病;第四类是新确认的新发传染病;第五类是在某地新发生流行的新发传染病。近年来常见的新发传染病主要有新型冠状病毒肺炎、埃博拉出血热、中东呼吸综合征等。

新发传染病有何特点?

(1)流行范围广,影响因素多。

(2)传染性强,传播方式复杂。

(3)多与动物有一定关系。

(4)病死率高,危害大。

如何预防新发传染病?

预防新发传染病应采用综合措施,主要包括以下几点。

(1)尽量不要前往发生疫情的国家,如确须要到有疫情发生的国家,则要避免接触患者、有可疑症状的人、各类野生动物或被其污染的物品。

（2）养成良好的个人卫生习惯，如戴口罩、勤洗手，未洗手前避免用手直接接触口、鼻、眼，咳嗽或打喷嚏时用纸巾遮住口鼻。注意室内通风换气，保证充足睡眠，科学饮食，增强机体抵抗力。

（3）注意饮食卫生，不食用未彻底煮熟的食物、未经消毒的奶、未削皮的水果、生的蔬菜，不喝生水，避免食用野生动物等。

（4）针对有疫苗可预防的新发传染病，如有必要，可进行疫苗接种。

第18课 新型冠状病毒肺炎

2020年初，突如其来的一场疫情，打破了春的热闹，山河沉寂，日月灰冷。对比在这个冬天亲身经历与疾病抗争的人们，我们是幸运的，虽然春天姗姗来迟，但是没有一个冬天不会过去，而我们学习的热情不变，初心不变。少年强则国强，当下同学们还是读书的年纪，面对新冠疫情，要学习科学防疫的相关知识，保护好自己就是对当下防疫工作最大的贡献。

什么是新型冠状病毒？

新型冠状病毒（2019-nCoV）属于β属冠状病毒，对紫外线和热敏感，56 ℃ 30分钟、乙醚、75%乙醇、含氯消毒剂、过氧乙酸和氯仿等脂溶剂均可有效灭活病毒。基于目前的流行病学调查和研究结果，新型冠状病毒感染的潜伏期为1 ~ 14天，多为3 ~ 7天；发病前1 ~ 2天和发病初期的传染性相对较强，人群普遍易感。

新冠肺炎的传染源

新冠肺炎的传染源指的是感染新型冠状病毒的患者。另外，无症状的感染者也属于传染源。

新型冠状病毒的传播途径

新型冠状病毒的主要传播途径为经呼吸道飞沫传播和密切接触传播，接触病毒污染的物品也可造成感染，在相对封闭的环境中长时间暴露于高

浓度气溶胶情况下，也存在经气溶胶传播的可能。由于在患者粪便、尿液中可分离到新型冠状病毒，因此应当注意其对环境污染造成接触传播或气溶胶传播。

新冠肺炎感染者有哪些症状？

新冠肺炎患者起病以发热、乏力、干咳为主要表现，少数患者伴有鼻塞、流涕、咽痛、肌肉痛和腹泻等症状，严重者可出现急性呼吸窘迫综合征、脓毒症休克、难以纠正的代谢性酸中毒、出凝血功能障碍等，也有些感染者症状很轻，或者无症状。

出现症状该怎么办？

（1）出现发热、乏力、干咳等症状不一定是感染了新型冠状病毒，应及时由家长陪同到正规医疗机构就诊，向医生详细告知个人症状和近期活动情况。

（2）如果发病前14天内曾到过疫情高发地区、接触或者密切接触过来自高发地区的新冠肺炎患者，应由家长陪同到当地指定的医疗机构就诊、排查。

如何预防新冠肺炎？

1.正确佩戴口罩

（1）口罩颜色深的是正面，正面应该朝外，要注意带有金属条的部分应该在口罩的上方，不要戴反了。

（2）先将手洗干净，确定口罩的正面、反面、上端、下端后，将两端的绳子挂在耳朵上。

（3）将口罩佩戴完毕后，需要用双手压紧鼻梁两侧的金属条，使口罩上端紧贴鼻梁，然后向下拉伸口罩，使口罩不留褶皱，覆盖住鼻子和嘴巴。

（4）摘口罩的时候，尽量不要触摸口罩的外侧，摘下口罩后记得立即洗手。口罩使用后要进行妥善处理，可以装在小袋子里，放进专用的垃圾桶，不能不经处理随意丢弃。

1. 确定口罩正反面，将两端绳子挂在耳朵上

2. 将口罩向上、向下拉，整理好口罩

3. 把鼻梁两侧的金属条压紧，使口罩紧贴鼻梁

4. 摘口罩时尽量不要触摸外侧

5. 用完之后把口罩扔到专用的垃圾桶里

6. 最后把手认真清洗干净

2. 勤于洗手

饮食前、大小便后、接触不洁物品后要及时用肥皂或抗菌洗手液和流动水进行洗手。学会七步洗手法（七字口诀为“内—外—夹—弓—大—立—腕”），手要洗足够的时间，至少 20 ~ 30 秒。洗手后用清洁的毛巾或纸巾擦干，不要共用毛巾。

（1）掌心对掌心，互相揉搓。

（2）掌心对手背，两手交叉揉搓。

（3）掌心对掌心，十指交叉揉搓。

（4）十指弯曲紧扣，转动揉搓。

（5）拇指握在掌心，转动揉搓。

（6）指尖在掌心揉搓。

（7）清洁手腕。

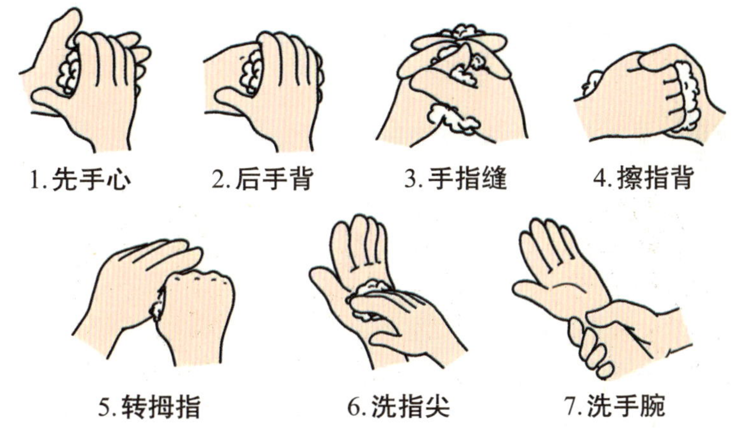

3.避免接触传染源

尽可能避免与有呼吸道疾病症状（如发热、咳嗽或打喷嚏等）的人密切接触，尽量避免到封闭、空气流通不畅的公众场所和人口集中的地方，必要时佩戴口罩；上、下学途中如果需要乘坐公共交通工具，必须全程佩戴口罩，途中不用手摸车上的物品。

4.养成生活好习惯

增强健康意识，每天要保证规律作息和充足睡眠，提高自身免疫力，保证每天睡眠8～9小时。

讲究个人卫生，勤洗澡，勤换衣袜。咳嗽或打喷嚏时，应用纸巾、手帕等遮住口鼻，咳嗽或打喷嚏后应洗手，避免用手触摸眼睛、鼻或口。打喷嚏时如果临时找不到手帕或纸巾，可以用手肘的衣袖内侧来代替手捂住口鼻。

每天坚持体育锻炼，增强机体抵抗力；保持每天营养均衡；多喝水，多吃蔬菜、水果；少吃生食，拒吃野味。

勤快拖地，勤擦家具，勤开窗通风，保持家里或教室空气清洁。开窗通风每天至少2次，每次20～30分钟；衣服、被褥等可在阳光下暴晒消毒。

第19课 埃博拉出血热、中东呼吸综合征

一、埃博拉出血热

这是一个非洲小女孩战胜埃博拉病毒的故事：在非洲，由于家禽稀缺，人们想吃肉，往往要吃蝙蝠和猴子。小女孩的爷爷买下了一只带血的蝙蝠，手沾到了蝙蝠的血液，无意中摸了一下眼睛，没想到几天后爷爷开始发热和吐血，很快去世了。小女孩和爸爸妈妈成了埃博拉出血热患者的家属，不久妈妈也被诊断为埃博拉出血热，爸爸害怕妈妈被送进医院后再也无法见面，但是在小女孩的劝说下，还是听从了医生的建议，将妈妈送进了医院。小女孩和爸爸待在自己的家里，按照医生的指导用肥皂洗手，最终通过自己的勇敢和睿智战胜了埃博拉出血热。故事虽说结束了，但埃博拉出血热仍然没有被消灭，看似离我们很遥远，但绝不能漠视它的存在，下面我们就来了解一下埃博拉出血热。

1.什么是埃博拉病毒？

埃博拉病毒是一种十分罕见的病毒，1976年在苏丹南部和刚果民主共和国的埃博拉河地区发现它的存在后，引起医学界的广泛关注和重视，“埃博拉”由此而得名。

埃博拉病毒是一种能引起人类和其他灵长类动物产生埃博拉出血热的烈性传染病的病毒。埃博拉出血热的病死率很高，最高可达90%，致死原因主要为中风、心肌梗死、低血容量休克或多器官衰竭。

2.埃博拉出血热的传染源

感染埃博拉病毒的人类和其他灵长类动物是本病的传染源。目前认为埃博拉病毒的自然储存宿主为狐蝠科的果蝠，已知黑猩猩可以作为首发病例的传染源。

3.埃博拉病毒是如何传播的?

埃博拉病毒主要通过以下途径传播。

(1)直接接触埃博拉出血热患者的伤口、体液(血液、唾液等)，或接触被患者体液污染的环境，或直接接触患者使用过且未经消毒的注射器。

(2)直接接触埃博拉出血热感染者的尸体。

(3)直接接触被感染的野生动物或其尸体，尤其是猴子、猩猩、蝙蝠等。

(4)食用被蝙蝠或其他野生动物咬过的水果。

4.感染埃博拉病毒后有哪些临床症状?

埃博拉出血热是由埃博拉病毒引起的一种急性出血性传染病，潜伏期为2～21天，一般为5～12天。埃博拉出血热虽因发病时间、症状以及程度而有所不同，但临床表现以高热、畏寒、头痛、肌肉痛、恶心、结膜充血及相对缓脉为主。本病若治疗不及时，可合并出现弥散性血管内凝血、多器官衰竭。

早期症状：发病2～3天后可出现呕吐、腹痛、腹泻、血便等表现，半数患者有咽痛及咳嗽。

中期症状：发病后4～5天进入极期，患者可出现神志改变，如谵妄、嗜睡等，重症患者在发病数日后可出现咯血，鼻、口腔、结膜下、胃肠道、阴道及皮肤出血或血尿。在病程第5～7天，患者可出现麻疹样皮疹，以肩部、手心和脚掌多见，数天后消退并脱屑，部分患者可较长期地留有皮肤的改变。

中晚期症状：第10天为出血高峰期，50%以上的患者可出现严重的出血，并可因出血、肝肾衰竭及致死性并发症而死亡。

晚期症状：90%的晚期患者在发病后12天内死亡（平均为7～14天）。患者最显著的表现为低血压休克和面部水肿，还可出现弥散性血管内凝血、电解质和酸碱平衡失调等。

5.如何预防埃博拉病毒感染？

目前尚无特效治疗埃博拉出血热的药物和预防疫苗，大家要增强健康意识，做好各项防护。

（1）尽量不要前往发生疫情流行的国家，如确实要到有埃博拉出血热疫情发生的国家，要避免接触埃博拉出血热患者；尽量减少参加大型集会，交际场合应尽量避免握手和拥抱，如握手后应尽快用肥皂、流动水彻底清洗双手；避免接触黑猩猩、大猩猩、果蝠、猴子、森林羚羊和豪猪等动物或被其污染的物品。

（2）要勤洗手，加强室内通风换气，积极开展课外体育活动，鼓励学生课间到室外进行适量运动，增强机体抵抗力。引导和鼓励学生科学饮食、健康生活。

二、中东呼吸综合征

2012年6月13日，沙特阿拉伯吉达的一名60岁男子因为发热、咳嗽和气短入院。入院时他已经发热7天。11天之后，他因为进展性呼吸衰竭和肾衰竭而死亡。经病原学检测，发现其死因为一种新型冠状病毒所致。世界卫生组织在2013年将这种疾病命名为中东呼吸综合征（MERS）。接下来，我们就来了解一下这个相对陌生的传染病——中东呼吸综合征。

1.什么是中东呼吸综合征？

中东呼吸综合征是由中东呼吸综合征冠状病毒（MERS-CoV）引起的一种急性呼吸道传染病，2012年在沙特阿拉伯首次被发现，绝大多数发生于

中东地区。

2.中东呼吸综合征的传染源

中东呼吸综合征患者为本病的传染源，但骆驼可能是中东呼吸综合征冠状病毒的一个主要宿主，也是造成人类感染的动物来源之一。

3.中东呼吸综合征是如何传播的?

中东呼吸综合征不会轻易发生人际传播，但可以传播给与他们密切接触的人群。感染的人群通常出现在医疗环境下，或是家庭成员间(例如在未采取有效个人防护的情况下照顾MERS患者)，目前已经有医疗机构发生聚集性病例。另外，人类与宿主动物密切接触或在污染环境中接触病毒可能引发感染。

4.中东呼吸综合征有哪些临床症状?

MERS的潜伏期为2～14天。人类感染中东呼吸综合征冠状病毒后，临床可表现为无症状或轻度呼吸道症状，也可发展为严重的急性呼吸道疾病，甚至死亡。典型的临床症状为发热、咳嗽和气短。肺炎也是本病常见的临床表现，但并非所有病例都会出现。也有报道个别病例会出现胃肠道症状(如腹泻)。本病病情严重时可以导致患者呼吸衰竭，需在重症监护室使用呼吸机辅助呼吸。报告病例的病死率在36%左右。老年人、免疫缺陷人群和慢性病患者(如癌症、慢性肺病和糖尿病患者)在感染病毒后更易出现严重症状。

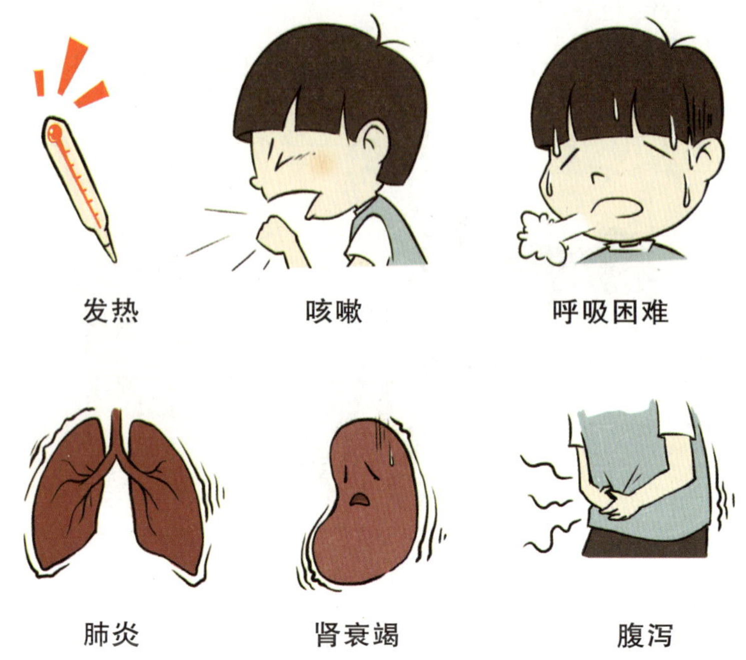

5.如何预防中东呼吸综合征?

(1)尽量避免前往发生疫情流行的国家,如确实要到有MERS疫情发生的国家,要避免接触患者或急性呼吸道感染者、单峰骆驼、蝙蝠等动物或被其污染的物品。

(2)日常应当保持良好的个人卫生习惯,如勤洗手,未洗手前避免用手直接接触口、鼻、眼,咳嗽或打喷嚏时用纸巾遮住口鼻。

(3)注意饮食卫生,不食用未彻底煮熟的食物、未经消毒的奶、未削皮的水果、生的蔬菜,不喝生水等。

(4)尽量避免前往人多拥挤的地方,注意室内通风,保证充足睡眠,增强机体抵抗力。

第3篇

传染病发生时的心理防护

通过前面的介绍，相信同学们都对常见传染病有了一定的了解。那么，当我们身边有同学发生传染病的时候，我们该怎么办呢？又该如何正确认识传染病，如何正确对待患过病的伙伴呢？

一、怎样正确对待传染病？

传染病是指由病原体，如病毒、细菌、真菌、寄生虫等，感染人体后产生的有传染性、在一定条件下可造成流行的疾病。

大家一提起传染病，就会“谈病色变”，唯恐避之不及，被传染了。其实传染病并没有那么可怕，只要掌握了科学的防控知识，是可以避免被传染的。

传染病的流行需要三个条件：传染源、传播途径和易感人群，缺少一个都不会造成流行。对于中学生来说，面对传染病，重要的是要了解造成疾病的病原体及其传播途径，掌握科学的防控知识，以一种科学、理性的态度对待传染病。

第一，保持良好的心态，不要过度焦虑，要以平常心看待传染病。传染病并不是洪水猛兽，多数是可防可治的。

第二，自觉养成健康的生活卫生习惯。传染病大多是通过呼吸道、消化道、接触、血液或体液传播的。我们养成良好的卫生习惯，通过戴口罩、勤洗手、避免不良性行为，绝大多数传染病是可以预防的。

第三，要积极学习了解常见传染病的防控知识，不仅自己要严格遵循，还要向周围的人进行健康教育宣传，形成一个群防群控的传染病防控氛围，让更多的人避免感染传染病。

二、怎样对待患传染病的同学？

传染病在采取正确的防控措施后，多是可以避免传染给他人的，而且传

染病患者在痊愈之后，就不再有传染性。因此，对待患传染病的同学，我们在做好自我防护的同时，也要学会理解与关爱，不能有歧视心理。

第一，当同学患了急性传染病时，需要居家治疗，而我们要根据其所患的传染病，采取适当的防护措施。比如：呼吸道传染病，我们需要戴口罩，并与患者保持 1 米以上的社交距离；消化道传染病，我们不要与患者共用餐具和饮具，并要勤洗手；接触传播的传染病，我们不要使用患者使用过的物品，勤洗手，未洗手时不要揉摸眼睛、口、鼻等处。

第二，对于患了经血液或性传播传染病的同学，我们不能有歧视心理。比如，艾滋病、乙肝等疾病，只要我们洁身自好，避免吸毒、不洁性行为等不良嗜好，正常的生活学习接触是不会被传染的。

第三，患传染病痊愈后的同学是没有传染性的。我们不能用有色眼镜看待他们，要平等对待，正常与其交往，给予其理解与关心，让痊愈后的同学能够更快地融入集体生活。

三、得了传染病该怎么办呢?

得了传染病时，要做到早发现、早诊断、早隔离、早治疗，根据医生的意见采取相关防控措施。

（1）若自己或家中成员为疑似传染病时，不要惊慌，要及时到正规医院就诊，做到早发现、早诊断。

（2）在医院被诊断为传染病时，要根据医生的意见，住院或在家休息治疗，做到自己不出门，他人不串门，尽量减少和他人的接触。若医院确诊学生为疑似传染病时，要立即和班级教师联系。

（3）传染病患者要根据医生的要求或相关规定，痊愈后才能上学，不可故意传播传染病。故意传播传染病者是要负法律责任的。

（4）得了流感、麻疹、流行性腮腺炎、风疹、水痘等主要通过呼吸道传播的传染病时，应主动与健康人隔离，尽量不要去公共场所，防止传染给他人。患者咳嗽、打喷嚏时，要用手帕捂住口鼻，不能冲着人，不要随地吐痰。每天注意开窗通风换气，保持室内空气新鲜。

（5）得了细菌性痢疾、甲型肝炎、诺如病毒病等主要通过食物和水传播的传染病时，患者用的餐具、便桶、洗涤卫生用品等要和他人的分开，患者的大便、呕吐物、餐具、剩饭菜、内衣裤、用具及患者接触的东西都必须进行消毒。陪护者照顾患者后要用肥皂、流动水反复洗手，防止交叉感染。要经常打扫卫生，清除垃圾，消灭苍蝇、蟑螂。

（6）得了疟疾、乙脑、登革热、斑疹伤寒、丝虫病和恙虫病等以蚊、虱、蚤、蜱、鼠等为媒介传播的传染病时，要做好灭蚊、防蚊、灭虱、灭蚤、灭鼠等工作，使用蚊帐、蚊香、防蚊油、驱（杀）虫剂等，尽量减少与传播媒介接触的机会。

（7）得了乙肝、艾滋病等通过血液、性接触传播的传染病时，应避免性行为，不要献血，不与他人共用注射器、刮胡刀、剃刀、牙刷等，及时、认真地消毒被血液、精液等分泌物污染的物品，有创伤、皮肤病时不要去照顾患者或感染者，衣物分开洗涤，接触者定期到医院检查。

（8）家中或周围有人得了传染病时，个人应采取一定的保（防）护措施，要讲卫生、勤洗手、吃熟食、喝开水、多通风、远患者，必要时接种疫苗或服用某些药物进行预防。

（9）当发现烈性传染病或较多人有相同症状时，或发现不明原因的疾病时，应及时向医疗卫生机构报告。

四、良好的心理状态有什么作用呢？

身体健康是心理健康的基础和载体，心理健康又是身体健康的条件和保证。人的生理活动与心理活动是相互联系、相互影响、相互制约的。积极

健康的心理状态有益于身体健康；消极不健康的心理状态容易使人患生理疾病。同样，生理功能的异常也会导致心理的变化。

研究表明，很多生理疾病是与心理因素密切相关的。长时期的紧张和压力对健康有四害：一是可引发急、慢性应激，直接损害胃肠系统和心血管系统，造成应激性溃疡和血压升高、心率增快，加速血管硬化进程和心血管事件发生；二是可引发脑应激疲劳和认知功能下降；三是可破坏生物钟，影响睡眠质量；四是使免疫功能下降，导致恶性肿瘤和感染机会的增加。

因此，保持良好的心态对于我们保持健康、抵御传染病有着重要的作用。积极乐观的心态可以防止抑郁、增强免疫力、减少疾病、延长寿命。同学们在生活和学习中要保持良好的心态，及时调整心理失衡，要热爱生活、热爱自己、热爱他人、热爱社会、努力为善，保持一颗平和、进取、善良的心。

五、传染病发生时如何保持良好的心态？

面对传染病，同学们容易出现焦虑多疑、惶恐不安、愤怒暴躁、抑郁悲伤、恐惧害怕、盲目乐观、孤独寂寞等心理问题。面对这些问题，我们应该学会正确的调整方法，保持心理健康。

1.保持情绪稳定

避免长时间阅读或者讨论负面信息。要认识到因为负面信息产生情绪波动是正常的，如果较长时间处于消极情绪中，要有意识地进行调节，转换想法，转换行为。

2.保持健康作息

保持健康睡眠，早睡早起，半夜不要看手机。注意健康饮食，即使不出门，也要注意个人卫生。

3.坚持体育锻炼

选择适合自己的锻炼方式，多参加体育锻炼，如广播体操、瑜伽、街舞等。

4.保持正常学习及生活

利用各种资源有计划地学习，认真按照学校要求完成作业；多参加课外活动，丰富课外生活。

5.提高信息判断能力

不信谣，不传谣，不要只看负面信息，而要根据信息发布方的公信力、信息的支持证据和逻辑做出鉴别，免受谣言误导。

6.及时寻求帮助

如自己无法调节情绪，可向同学、班主任等寻求帮助，必要时可由专业心理老师给予心理疏导。